十万九千里

旅人漫记

司徒志勋 著

文汇出版社

写在前面

都说和聪明人在一起会让自己变得更加聪明,其实这是一种认知误区。研究发现,一个人的智力是由基因决定的,教育和营养等因素在18岁之前可以发挥一定的作用,成年之后,人的智力就基本定型了。就我的处世习惯而言,聪明与否并不重要,性格偏向却很重要,我更愿意与性格爽快的人在一起。

心理学家认为,爽快的人大多行为果断、说一不二,做事干净利落。但是,他们也有致命的弱点:城府不深、心直口快、容易得罪人。这样的人做朋友不错,在职场上就有点吃不开了。

朋友经常提醒我做人不能太过透明。什么意思呢?无非说我做人黑白分明,中间缺少过渡色;而且说话直截了当,有时让人下不了台。最典型的是朋友们在一起聊天,我都可以把天给聊死。这一点确实要感谢我的父母给了我强大的基因,造就了我今天思维敏捷、反应迅速、言语犀利的性格……

然而,也正是由于这种毫无喜感的性格特征,让我在人生道路上走得跌宕起伏、艰辛异常。少年时代迷恋《三国演义》《水浒传》《杨家将》之类,偶尔还偷看《红楼梦》《西厢记》等禁书。父母又对我采取自生自灭、放任自流的散养方式,用现在的话来说,基本就一野生的灵长类动物。好在后来读书还算用功、是非判断小有悟性,因此,迷途知返、在岔道上没有走得太远。然而,性格却就此养成,成为一生中不可逆的"硬伤"。

说是硬伤,其实对生活并没多大影响,尤其是爽快的性格,让身边很快就凝聚起很多人气、呼风唤雨、潇洒快活。但是,这样的性格在职场上是致命的,尤其在仕途上往往会跌跌撞撞、步履维艰,这在我的职业生涯中已经留下了深刻的印记。

1984年我从江南造船厂调入新民晚报社,从生产组长、车间主任,一路做到印刷厂厂长,那时我才20多岁,职业生涯走得风生水起。1992年,我被任命为新民晚报社经理助理兼实业公司总经理,行政上享受副处级待遇。

应该说20多年间我有很多升迁的机会,结果都被我过于透明的性格搞砸了。用应景一点的话说,明明捏着一手好牌,硬生生给自己打烂了。1994年,我的老领导丁法章在报社全体干部会议上不点名地批评我:"有些人开着采访车为家乡人办事……"事实也是如此,老丁的批评不无道理,而且他还给我留了很多面子。

但是,批评归批评,这个事不办还真不行。那是一个寒冷的季节,一大早我哥哥从宁波打来电话,说是上海一家服装企业涉嫌欺诈,给他的一张40多万元的支票无法兑现,让我马上协助他单位的财务人员去换一张支票。遇到这种事情我不可能不去。结果支票换回来了,这个副处级保不住了。原因是这家服装企业向报社纪委写信举报,说我用记者证吓唬他们,还用采访车堵他们的大门。

其次，在职期间我帮过许多人的忙，只要符合行事规则，基本都是有求必应；但是，在帮忙这个事情上我是有原则的，假如有些事情突破我的认知能力，即便是上面压下来的，我也会顶着不办。这样直来直去的性格，不但经常被人利用，而且莫名其妙就把人给得罪了。我也经常反思着如何才能有所改变，然而，时至今日依然一成未变。真是应验了"江山易改，本性难移"的古训。

1998年，新民晚报社与文汇报社合并成立了文汇新民联合报业集团。在成立集团之后的两年间，我还是有一次重新调整职业规划的机会，结果又被我"道不同不相为谋"和"路见不平拔刀相助"的性格给搞砸了。

那是2000年上半年，我自废武功，执意从文汇新民实业总公司副总经理的岗位上退下来，去了一家新创办的都市类报纸当编辑记者。集团总经理找我谈话，给了我三四个职位挑选，其中有一家企业的总经理和一家都市类报纸的副总编辑，我都没有接受。后来，这位总经理觉得我对艺术品鉴赏小有悟性，就让我创办一家网上画廊，我也没有答应。结果可想而知，我再一次死在了自己"行侠仗义"的致命弱点上。

2010年，我已经50岁出头了，有一天在朋友的聚会上，朋友的一席话让我感触颇深："你工作了一辈子，再过几年就要退休了，拿什么来证明你曾经是职场上叱咤风云的拼命三郎？"而这个"拼命三郎"恰恰又是时任新民晚报社党委书记兼总编辑丁法章"册封"的。于是，我写信给集团党委，要求恢复我原来的副处级级别。当集团一位领导看到我的履历和材料之后说:"这个人能力很强,我是有印象的。"

原来这位领导曾经在市委宣传部工作,1994年他带队对上海媒体发展实体经济进行调研。当时新民晚报社投资的企业,无论规模还是效益都是同行业中的佼佼者,给他留下了比较深刻的印象;于是便有了后来该领导和文汇报社党委书记在集团党委会上的力荐……

匆匆几十年的职业生涯就像坐过山车一样,做过工人、当过记者、管过企业,也长时间在负责人岗位上沉浮;最戏剧性的是从同时管理七八百人的五家企业,到最后成为"光杆司令",过程的戏剧性实在令人唏嘘。俗话说,性格决定命运,不同的性格自会上演人生里程的不同版本。

但是,话也要说回来,任何事物都有正反两重性,人的性格也不例外。现在想来可能也是我的性格帮了我的大忙。如果我学会了做人世故圆滑、说话拐弯抹角,如若原则性再差一点,也许现在已经人身不自由了。单就这一点,我得感谢长期的性格养成。

时至今日,我依然喜欢大器、爽快、不羁的性格,毫不吝啬与性格相近的人相处。这样的人没有心眼、不会算计;这样的人仗义疏财、率性而为;这样的人简单善良、侠骨柔肠……

如今,我已经退休回家,按理可以放缓脚步颐养天年了。然而,性格中好奇好动、奇思妙想、勇于探索的因子依然活跃,进健身房、旅行探险、享受美食成为我生活的常态。近年来,从尼罗河流域到非洲大陆的最南端、从东南亚热带雨林到南太平洋的千岛之国、从毛利人居住的库克群岛到东非大裂谷的马赛村落、从英吉利海峡到中东最原始的荒漠,我途经二十余个国家和地区,行程几十万公里。今天出版的《十万九千里》,无论文字还是图片都能从不同角度反映出我的性格使然和职业养成。

作者
2021 年 8 月 18 日

目 录

010　　走进马赛马拉

030　　佩特拉古城

038　　遗世独立的巴斯小镇

048　　千年土耳其

068　　探险之旅

088　　吴哥览胜

102　　天空之镜

110　　西湖初雪

118　　上帝的餐桌

128　　走进撒哈拉

148　　耶路撒冷

156　　飞越喜马拉雅

174　　春风十里看樱花

186	遗落在南太平洋上的彩练
206	菊水楼尝鳗鱼饭
212	莫凡彼岛
224	田岛先生
230	濑户内艺术之旅
242	一半是海水　一半是沙漠
266	安缦的馈赠
276	邂逅塞班岛日落
282	军舰岛的前世今生
290	阴魂不散的"万岁崖"
298	亚穆纳河的黄昏
304	大和民族的物哀文化
312	告别新华路

走进马赛马拉

马赛马拉的晨曦

肯尼亚是野生动物的家园，在这个国土面积相当于我国四川省的东非高原之国，散落着60个野生动物保护区，其中近一半是国家级野生动物保护区。而位于肯尼亚东南部与坦桑尼亚接壤的马赛马拉国家野生动物保护区，是肯尼亚最大的野生动物保护区，面积仅次于世界第二大淡水湖维多利亚湖。

马赛马拉国家野生动物保护区与坦桑尼亚塞伦盖提野生动物保护区相连，总面积4000平方公里，其中1500平方公里在肯尼亚境内，2500平方公里在坦桑尼亚境内。这里栖息着95种哺乳动物和450种鸟类，是世界上生物多样性最为丰富的地区之一，《动物世界》中的许多镜头均拍摄于此。

在这里，人与自然和谐相处；独特的部落文化与蛮荒的自然景色水乳交融。金秋十月，我们走进"地球的伤痕"，感受马赛马拉的苍茫大气和狂野不羁。

误入山寨版树顶旅馆

为了迎合游客的好奇心，旅行社一般都会将观赏夜行性动物和入住树顶旅馆作为整个行程的第一站。

"上树是公主，下树是女王"早就耳熟能详，说的是伊丽莎白登基的故事。1952年2月5日，伊丽莎白公主来到英殖民统治下的肯尼亚旅游，为了观赏野生动物而下榻树顶旅馆；当晚，伊丽莎白接到父王乔治六世去世的消息，次日返英。第二年，伊丽莎白正式加冕为英国女王，树顶旅馆也从此声名鹊起，成为旅行者下榻阿布岱尔国家公园首选的旅馆。半个多世纪以来，树顶旅馆历经焚毁和重建，但基本原貌依然得以保留。

　　阿布岱尔地处东非大裂谷东沿，凭借独立的火山山脉断层而形成平均海拔近3000米的美丽高原，这里终年水汽氤氲，广袤的草甸和纵横交错的沟壑、溪流、瀑布，以及断层间的湖泊形成大跨度的景色变幻。这里的野生动物资源十分丰富，大象、羚羊、花豹、疣猪、黑犀牛、黑白疣猴和山猫等都是这里的土著。

　　经过二十余小时的舟车劳顿，我们终于抵达阿布岱尔山脚下的小镇，没想到从镇上的酒店前台到山上的客房，竟然还需四十分钟车程。尽管车上的游客个个饥肠辘辘、疲惫不堪，尤其是从内罗毕国际机场出来的那条道让所有旅客尝尽颠簸之苦；车行其中就像一叶扁舟挣扎在风口浪尖，司机为了躲避满地的窟窿，不得不将车子开成S形；车轮扬起的红色粉尘遮天蔽日，经过改装的日本二手面包车除了喇叭不响，其他零部件都发出吱呀吱呀的声音。当车子到达目的地时，满车的游客犹如刚从建筑工地回来。唉，肯尼亚，说声爱你不容易！

　　由于谁也没有到过树顶旅馆，根本不知道树顶旅馆究竟怎么样，再加上当地的地陪也有意无意地不加说明，使得一个团队十几号人上错香、拜错佛，还躲在一旁偷着乐，误把眼前黑漆漆的船形木结构建筑视为树顶旅馆。

　　其实，阿布岱尔国家公园的面积很大，我们下榻的那家客栈叫方舟别墅，灵感来自诺亚方舟，唯一不同的是诺亚方舟拯救的大多是四只脚的动物，而方舟别墅保护的则是两条腿的人物。

方舟别墅与树顶旅馆风格较为相似，都是秉承"与自然环境高度融合，与野生动物无限亲近"的原则修建的。客人们可以凭栏眺望成群结队的动物出没池塘的情景，也可以感受弱肉强食时的血雨腥风。

虽说我们误入山寨版树顶旅馆，但是，方舟别墅的特色依然可圈可点。尤其能在狮吼声中沉沉地睡去，不能不说是一次难得的生活体验。

生机盎然的红鹤湖

第二天清晨，我们在鸟鸣声中缓缓醒来，推开窗户，薄薄的雾气随风飘过，木结构的屋檐上不时滴下熠熠生辉的水珠。窗下成群的疣猪、野牛、大象和瞪羚和谐地在池塘边觅食。

早餐后我们驱车前往红鹤湖。

红鹤湖又称纳库鲁湖，位于肯尼亚裂谷省首府纳库鲁市南部，占地188平方公里，是非洲地区为保护野生鸟类最早建立的国家公园之一。这里气候温和，湖水平静，水草茂盛，除火烈鸟之外，还栖息着褐鹰、滨鹬、矶鹬、翠鸟、欧椋鸟、太阳鸟等数百万只珍禽。此外，公园里还有疣猴、岩狸、河马、花豹、狮子、大羚羊、黑斑羚、瞪羚、斑鬣狗、狐狸、长颈鹿、白犀牛等大量野生动物。

纳库鲁湖聚居了200多万只火烈鸟，占世界火烈鸟总数的三分之一。这里的火烈鸟分大小两种,都是长腿、长颈、巨喙,全身羽毛呈粉红色。它们在浅滩上觅食时步调一致、神态悠闲;一旦遇到危险就会振翅高飞,随后形成多米诺效应,成千上万只火烈鸟把纳库鲁湖上空染成红红的一片。为观赏这一奇景,每年都有大批游客从世界各地来到这里。

由于在赤道纬线和汤姆逊瀑布耽搁时间太久,当我们赶到纳库鲁国家公园已是下午时分,开车的依然是原先来内罗毕接机的那位非洲司机,他叫詹姆斯。詹姆斯有着奥巴马一样的肤色,魁梧的体魄顶着一个圆圆的脑袋,说是四十岁了,但岁月在他脸上留下的痕迹并不明显。从接机开始,詹姆斯逢人便称自己是"喔喔塞文",意为英国军情六处的那个"007"。事实近乎如此,去纳库鲁国家公园的路上,我们乘坐的那辆改装车被后面一辆丰田车恶意超车并急刹,这下把"喔喔塞文"惹毛了,一把抓起马赛人用来抵挡猛兽的长柄硬木槌,像扔手榴弹一样砸向对方车辆,吓得丰田车猛踩油门,"吱"的一声拖着一屁股的黑烟拐进小巷没命似的逃窜。"喔喔塞文"得意地从口袋里掏出一支牙签放在嘴里嚼过来嚼过去,得意的神情全写在一张黑黝黝的脸上,活脱脱一个大男孩形象。

即便我们在国家地理频道上已经对纳库鲁湖有所了解,但是,身临其境还是被震撼到了。宽阔、清澈的湖面上数以百万计的火烈鸟聚在一起,远远望去就像一条条流动的红缎带。而岸上成群的瞪羚、斑马和野牛相安无事地在一旁啃着鲜嫩的青草。忽然,远处一只狐狸快步流星地向湖边逼近,受了惊的火烈鸟"呼"的

迁徙途中的牛羚和斑马

马赛部落的孩子

一声顿时把落日余晖下的纳库鲁湖映成一片火红。

司机詹姆斯不但车技娴熟,而且眼神犀利,大到犀牛、长颈鹿,小到远处树梢上的白头鹰,抑或树丛里或隐或现的珍珠鸡,几乎都没能逃过他的眼睛。在一棵大树的下面,詹姆斯突然停下车指了指树上,原来一头雄狮趴在树上。

"咦,狮子怎么成了猴子!"有人轻声嘀咕道。

据说,纳库鲁湖刚对外开放时,这种能爬树的狮子经常袭击游人,影响了保护区的收入。在不得已的情况下,保护区不得不将食人狮全部射杀。今天的狮子似乎学乖了,瞅瞅脚下这坚硬的铁壳里肉也不多,于是便懒洋洋地爬下树走了。

垒在牛粪上的马赛村落

肯尼亚境内多为高原地带,东非大裂谷纵贯南北,与坦桑尼亚、乌干达、索马里等接壤;国土面积58万平方公里,人口不足3000万,原住民为马赛人。

马赛人主要分布在肯尼亚南部和坦桑尼亚北部,他们以牛羊肉及其奶、血制品为食;服装鲜艳、耳饰奇异、一夫多妻、钻木取火,成年男子蓄小辫,年轻妇女剃光头,是典型的原始游牧部落。

由于旅游业的兴起,传统的游牧民族已经不再安分于放牧和农耕。许多马赛人走出大山和开放院落,来迎合现代文明的需要。然而,马赛人融入现代社会是个十分漫长的过程,即便一部分马赛人的孩子已经开始走进学校,但是,对于百万之众的马赛游牧民族而言,也只是万里长征刚刚迈步而已。尽管越来越多的马赛人开始定居生活,但其独特的民风民俗并没有得到丝毫改变,这在马赛人比较集中的居住区域就能管窥一二。

马赛人的居舍是用牛粪和树枝垒起来的,远远望去就像倒扣的浴缸开了个小小的门洞。那天,我应邀躬身走进马赛人的居舍,异味浓烈且简陋的屋内一片漆黑,只有地上的小火坑传递着微弱的光亮。牛粪砌成的床上铺着一整张牛皮,树枝搭就的桌上放着破损的坛坛罐罐,用来盛放首饰的罐子据说也是用牛粪捏出来的。

马赛人的居舍总共不过十余平方米,其中一半是供牛犊栖息的。马赛人视牛为神灵赐予的圣物，是家族不可分割的一部分。走进马赛村落，满地都是堆得厚厚的牛粪和马甲袋塑料瓶等现代文明带来的垃圾，见人就撞的苍蝇就像二战时盘旋在珍珠港上空的日本轰炸机。

那天凑巧遇到下雨，走进马赛村落就像走进危机四伏的沼泽地，一不留神，两只脚就深陷牛粪而难以自拔。在马赛人的眼里，牛身上的一切都是洁净的，因而，用湿牛粪洗手用干牛粪擦手也就不足为怪了。

然而，新奇归新奇，马赛村落毕竟是个不成熟的旅游景点，就连周边的配套设施，卫生状况也十分令人担忧。尤其是马赛人过度放牧，使得附近的水源地受到严重污染，人畜共饮一个水源的问题十分突出，迫使马赛女人和儿童不得不头顶肩扛外出寻找新的水源。

这种现象在我下榻的旅店也是如此，自来水龙头流淌的是黄色且略带腥臭味的液体，空气中弥漫着牛粪的味道，就连毛巾浴巾也一股脑儿牛气冲天。难怪第二天走进马赛马拉国家自然保护区，那些原本脾气暴躁的野牛，看见我们也显得十分温顺，以为我们是发育不全的同类。

动物在野外，人在"笼子"里

黑人司机詹姆斯是个胆大心细的人，偌大的草原，只要一有风吹草动，他就知道发生了什么事情。他开车不走常规线路，

马赛村落

而是循着动物的足迹穿梭于沟坎河道之间。经过改装的破面包车就像马力强劲的坦克车，横冲直撞、所向披靡；即便六十度的斜坡也能一轰而上。

詹姆斯开起车来野性十足，然而，当他说起自己家庭的时候，两眼总是流露着脉脉温情。照片上的詹姆斯膝下一双乖巧的儿女、身旁站着戴学士帽的妻子，一家四口甜蜜而温馨……

夕阳下的金合欢树就像一把敞开的伞，在草原上撒下一抹若隐若现的投影，马赛马拉沉浸在一片祥和的氛围中。树下一群幼狮在成年母狮的看护下旁若无人地尽情嬉戏，远处三头雄狮趴在灌木丛中呼呼入睡。

举目远眺，一望无际的马赛马拉草原上满是星星点点的草食类动物，长颈鹿、大象、犀牛、瞪羚、扭角羚、斑马、角马等应有尽有，而且数量众多。

即便草原上都是草食类动物，我们也不能擅自下车。以前曾有游客下车拍照，以为草食类动物犹如家里饲养的宠物一样不会伤人。然而，恰恰相反，大多数动物都有领地意识，一旦人靠得太近，它们就会发起攻击。这一现象在一个私人动物保护区内就得到了印证。随团的老张童心未泯，追着角马一路狂奔，好在他及时打住，不然，局势可能发生逆转，因为那头雄性头马已经掉转身子以退为进。为了减少此类事故的发生，肯尼亚的国家级动物保护区都有硬性规定：进入保护区的游客一律不得下车，反之，司机将受到处罚。

也许是马赛马拉的动物太过集中，我们的审美也随之有些疲劳。从第一天看到落单的小斑鬣狗时的欢呼雀跃，到如今看到成群的狮子也无动于衷；从看到路旁躺着被吃剩的角马遗骸唏嘘不已，到行走在满地白骨之上也熟视无睹；从第一脚踩在马赛马拉荒原之上的新奇，到漫步在郁郁葱葱的金合欢树下的不屑……人的审美疲劳来得如此之快，就像草原上无时无刻不在上演的一幕幕生命轮回的活剧那样悄无声息。

忽然，远处的天空聚集起越来越多的兀鹫，詹姆斯猛踩油门，汽车犹如离弦之箭一般向草原的纵深处飞奔而去。

原来一头长颈鹿遭到狮子猎杀，但见长颈鹿的脖子伤痕累累，屁股上的肉和内脏已被啃食一空，几只兀鹫伸展着脖子在长颈鹿的肚子里钻进钻出。马赛马拉草原刚好处在赤道上,早晚凉爽,中间酷热,死去的长颈鹿在灼热的太阳烘烤下散发出阵阵恶臭。

看似平静的马赛马拉草原其实危机四伏,狮子、斑鬣狗、花豹等都是天生的蛮荒杀手。夕阳西下,原本吃饱喝足的狮子开始躁动起来,它们的晚饭时间快要到了,新一轮的杀戮即将上演。

当我们的汽车即将驶离马赛马拉保护区时,路旁的树梢上已站满了归巢的灰鹭和兀鹫。渐渐暗下来的草原重新回归它狂野不羁的本来面目。

飞越马赛马拉

晚上住在马拉野生动物园的河马别墅,号称四星,其实不然。洗澡没有热水,床上的毛毯全是污渍,晚上没有电灯更没有电视,食物简单且卫生状况很差。

"哟,这是什么呀?"一位游客拿起一只盛汤的碗在微弱的灯光下照了又照——"恶心!"扑的一声将碗扣在了桌子上……

"那里的条件真的不好,我们的房间里全是大蚂蚁和八脚虫,最要命的是还不能洗澡。"陶小姐不满地嘟哝着。

这一晚确实睡得不踏实,彩鹛在屋外树梢上"呃呃呃"地叫个不停。终于挨到了凌晨,酒店的服务员却阴差阳错地把隔壁不该叫醒的游客给叫了起来。唉!怪不得互联网上对这家帐篷客栈颇多微词。

但是，话也要说回来，200多元住一个晚上，外加两顿餐，确实要求不能太高。游客要怪罪的话，也只能怪旅行社不够厚道。

早上五点半，伸手不见五指，杀机四伏的马赛马拉一片沉寂。只有满地乱窜的野兔，看见越野车的大光灯，还以为太阳升起来了。

三十分钟之后，汽车在一片开阔的草原上戛然而止，我们要在这里乘坐热气球飞越马赛马拉。

地平线上渐渐泛起鱼肚白，马赛马拉在薄薄的雾霭笼罩下慢慢苏醒过来。我们依然被关在门窗紧闭的越野车内，这里是狮子和花豹的杀戮场，满地的白骨和不远处躺着的一具被吃剩的角马冲着我们龇牙咧嘴。敬畏自然、敬畏生命吧，武松打虎毕竟是遥远的传说。

热气球缓缓升空，马赛马拉渐渐撩开狂野不羁的面纱。被动物踩出来的路径纵横交错，远远望去就像大象褶皱的皮肤；马拉河及其众多支流在一望无际的草原上逶迤前行；巨大的金合欢树和波巴布树散落其间，犹如天地间一盘永远下不完的棋；在树冠上蹲了一宵的秃鹫和满地蹦跶的草食类动物，看见天空中飞来两只巨大的圆形怪物，没命似的逃窜；只有狮子躲在灌木丛里冲着热气球挥舞着小猫般的爪子。

将近一个小时的飞行，热气球已经横跨马赛马拉草原，平时难得一见的珍禽异兽尽收眼底。远处绿草如茵的坦桑尼亚境内的塞伦盖提草原和脚下那片被烈日炙烤成焦黄一片的蛮荒之地形成视觉上的强烈反差。这也预示着马赛马拉的旱季即将结束，数以万计的斑马和角马如洪水般地蹚过汹涌的马拉河向肯尼亚境内的马赛马拉草原迁徙。居高临下，黑色的角马和白色的斑马就像被风吹皱的一地芝麻，场面恢宏，气势浩荡。

马拉河之渡

从热气球上下来，我们在马赛马拉草原和塞伦盖提草原交界处享受了一顿别出心裁的香槟早餐，所有的设施和饮食都是从酒店运过来的，品种说不上丰富，但也能对付过去。一望无际的草原制高点上铺着两张大红的餐桌，远处的杀戮场上尘土飞扬，头顶上一群兀鹫在盘旋。时空隧道仿佛把我们带回到兔奔鹰逐、蒿草丛生的远古时代。

早餐后，我们向马拉河挺进。

马拉河是长途迁徙的草食类动物要渡过的最后一条河。每年六至八月间，数以百万计的斑马和角马从塞伦盖提北部横跨坦桑尼亚和肯尼亚国境，渡过马拉河到达马赛马拉草原；十月初大批动物又开始回迁，一年两次横跨马拉河。

危机四伏的马拉河不但河水湍急，河里还生活着大量脾气暴躁的河马和体形巨大的尼罗鳄。面对狮子、猎豹等肉食类猛兽的围追堵截和水中虎视眈眈的尼罗鳄，大批草食类动物依然前赴后继地跳进马拉河向对岸迁徙。每年发生在这里的悲壮而

湍急的马拉河

浩荡的野生动物大迁徙,被称为"马拉河之渡"。

当我们赶到马拉河时,早已不见斑马和角马的身影。但是,动物大迁徙留下的悲壮场面依稀可辨,马拉河两岸尸横遍野,空气中弥漫着浓重的腐臭味,成群的非洲秃鹳用粗大而坚硬的喙,啄食着角马尸体上的腐肉。

马拉河将马赛马拉草原一分为二,它是鳄鱼和河马的家园,也是其他野生动物的生命线,它众多的支流滋润着这片广袤的土地。据说,动物在迁徙过程中都习惯于在马拉河陡峭崖壁的缺口上等候,随着越来越多动物群的到达,狭窄的马拉河河岸已经不能完全容纳它们,只要稍微拥挤一下,那些年老体弱或幼小的动物就会被挤下崖壁或相继跌进湍急的河中,成为后面动物的跳板。那些遭受践踏的动物即便不被鳄鱼吃掉,也会因伤重而亡。达尔文的物种进化理论在这里被演绎得淋漓尽致。

我们在荷枪实弹的军警引导下,钻进了马拉河岸边的灌木丛,那里是尼罗鳄的巢穴。饱餐后的尼罗鳄正挺着圆滚滚的肚子,趴在岸边和水中裸露的岩石上晒太阳,睁开眼睛看见一大群花里胡哨的两条腿的"怪物",吓得哧溜一声钻进了水里。而那些只有在晚上才敢上岸吃草的河马则趴在水里露出两只小眼睛注视着岸边的动向,时不时张开巨大的嘴巴"嗷嗷"地哼上两下。

宽不过三四十米的河里不断漂过角马的死尸,当一些鼓胀的尸体被激流抛向尖锐的岩石时,随着"噗嚓"一声,腐烂的动物脏器四处飞溅,原本鼓胀的尸体顿时像泄了气的皮筏子一

作者行走在马赛马拉野生动物保护区

样奔拉在岩石上。随后一群秃鹳和兀鹫应声而至，争先恐后地撕扯着角马的身体组织，直至将角马身体完全掏空，剩下一张黑不溜秋的皮和两只不再好斗的犄角。

佩特拉古城

崖壁上的宫殿

峡谷一线天

如果不是约旦司机及时提醒，估计我们一众都会像飘零的树叶一样葬身在佩特拉的悬崖之下。约旦的地貌十分奇特，没有棱角、没有奇峰，也看不到植被；光秃秃的山峦就像刚刚出笼的馒头一个挨着一个。约旦的山地风更像纽约布鲁克林区的穿堂风，来势相当凶猛。

那天，路过佩特拉古城遥遥相望的山巅，为了拍出大片的效果，我们请司机把车停在一个开阔的平台上，大家一窝蜂地跑到视野毫无遮挡的"最后一公尺"，急得司机拼命招手："回来！快退回来……"说时迟那时快，一阵突如其来的大风让所有人猝不及防。脚下是流动的砾石，一步之遥便是悬崖。假如不及时采用蹲下或前倾的姿势，估计谁都难逃厄运。即便我们当时采取了自救措施，但身体还是在风的推动下，不由自主地随着脚下滚动的砾石滑向悬崖。好在约旦的山地风来得急去得也快……

回到车上个个蓬头垢面、惊魂未定。不幸中之万幸，除了个别队友的摄影器材稍有毁损之外，没有酿成进一步的惨祸。

佩特拉古城位于约旦南部沙漠、海拔1000米的高山峡谷中。整座城市几乎全部是依岩石雕凿而成，其形态有点类似我国的敦煌莫高窟。但是，佩特拉遗址的岩石颜色相当丰富，以微红为主，间有淡蓝、橘红、黄色、紫色和绿色，在阳光的映衬下呈现出五彩缤纷的效果，有"玫瑰古城"的美誉。

据考古发现，佩特拉是古纳巴泰人的首都，公元前一世纪开始繁荣，后沦为罗马帝国的一个行省。公元三世纪，因海上贸易兴起，佩特拉开始衰落，随后被废弃而成为一座死城；1812年为瑞士旅行家发现而重见天日。

我们一行由海路坐邮轮进入约旦，然后换乘大巴直奔这座隐没在死海和阿克巴湾之间的山峦峡谷中的"玫瑰之城"。由于电影《夺宝奇兵》关于争夺圣杯的一场戏是在佩特拉古城拍摄的，所以我们对当地的奇特地貌已经有所了解。

人们常用"自古华山一条道"来形容华山的陡峭和险要，然而，通往佩特拉古城的通道即便没有华山险峻，也是一条在军事上易守难攻的狭长要道。进入峡谷，可以看到岩壁上开凿了许多天窗，这些都是纳巴泰人的墓碑，根据死者身份的高低贵贱，其规格和图案各不相同。

即便当天属于阿拉伯世界比较凉爽的天气，但是，午后的约旦南部沙漠在强烈的光照下依然干燥炎热。只有当你走进佩特拉古城狭长的蛇道，才能感觉到丝丝的凉意。用当地人的话说，这是从峡谷的墓穴里吹出来的阴风……

当我们走出峡谷一线天的时候，被眼前的景象惊呆了，映入眼帘的是佩特拉古城的核心地带，依山开凿的是古罗马建筑哈兹纳赫殿堂。脑海中瞬间飘过陶渊明"初极狭，才通人。复行数十步，豁然开朗"的句子。

哈兹纳赫殿堂是一座高40米、宽27米的建筑，整座建筑的外立面分上下两层，各有六根罗马式石柱，高8到10米，门檐刻有精美的图案。皇冠般的石龛中雕有天使、圣母等石像。即便年代久远、风化侵蚀相当严重，但是，透过残

哈兹纳赫殿堂

存的石像和花纹，不难判断它曾经的精美、大气和辉煌。整座宫殿分为正殿和侧殿，石墙上的原始壁画即便暗淡却依然清晰可辨。传说这里是历代国王收藏财富的地方，别称"宝库"，有点类似阿里巴巴和四十大盗故事中"芝麻开门"的意思。

穿过哈兹纳赫殿堂，古罗马剧场的残垣断壁横亘在面前，阶梯形和扇形组合的剧场可同时容纳6000人看戏。这跟土耳其以弗所古城遗址上的古罗马剧场如出一辙。剧场的后面是一大片空旷之地，整座城池依山而建，寺院、宫殿、浴室和住宅等一应俱全，还有从岩石中开凿出来的水渠。佩特拉古城东北部的山岩上开凿有大量石窟，其中一座气势恢宏的三层巨窟，正面为典型的古罗马宫殿风格，相传这里是历代国王的陵墓，现为佩特拉石窟博物馆。

约旦是一个只有600多万人口的阿拉伯国家，相对周边国家而言，约旦人民的生活较为富裕，在伊斯兰国家中意识形态也相对开放。约旦是一个资源匮乏的国家，旅游业是约旦的支柱产业，佩特拉古城更是约旦的国宝。这里曾经是古丝绸之路的一个驿站，巨大的岩石上至今留有古老东方的石刻痕迹，是世界上最著名的考古遗址之一。可以想象，古希腊文明与东方文明在这里交融，那些骑着骆驼的商人正带着中国的丝绸、茶叶从这里走向远方。

然而，佩特拉古城的建设者纳巴泰人，在历史学家和考古学家眼中始终是一个充满迷惑的民族。他们在一夜之间控制了阿拉伯半岛和地中海沿岸的商旅通道，却又在一夜之间消失于历史的长河之中，只留下这座佩特拉古城。

遗世独立的巴斯小镇

流经巴斯小镇的埃文河

从科茨沃尔德的下斯劳特村到英国著名旅游小镇巴斯,行程两个多小时。开车的朱先生是中国香港居民,来英国打工已经十多个年头了。朱先生长得敦实憨厚,说起话来不紧不慢,一口不太流利的普通话夹带着浓重的港台口音,让人听起来有些费力。朱先生又是一个古道热肠的人,听说我们预定的酒店要到下午三点之后才能入住,于是便提议先送我们去参观巴斯的皇家新月楼,以便充分利用好这段碎片时间。

皇家新月楼是一排半圆形的建筑,由一百多根罗马立柱支撑着连体的30幢楼宇,体量庞大、气势恢宏;与附近的圆形广场遥

皇家新月楼

相呼应，是典型的十八世纪建造的仿古罗马和希腊的传统建筑，具有日月同辉的象征意义。据说，原建筑在二战时期遭德军空袭损毁，现在的皇家新月楼和圆形广场是按原貌修建的。

　　巴斯小镇位于英格兰西南部，处在群山环绕的圆形凹地中，站在山巅远远望去有点像沉寂的火山口；面积约 28 平方公里，人口不过 10 万，是英国西南部的著名旅游胜地。美丽的埃文河缓缓流经巴斯城，横跨埃文河的是颇具意大利风情的普尔特尼三拱桥，该桥建于 1769—1774 年间，也是巴斯代表性的景观之一。巴斯被誉为英国最典雅和漂亮的城市，它的典雅来自乔治亚时期的建筑风格，而它的美丽则来自旖旎的乡村风光。

传说公元一世纪，英国还在古罗马版图之内，有一个名叫布拉杜德（Bladud）的王子，在雅典读书时染上了麻风病，遂被流放到乡下放羊。无意间他发现了一眼温泉，每次洗完澡后感觉浑身舒畅。天长日久，这眼温泉洗却了他的麻风病，而且皮肤也变得细腻滑溜了。后来当他接替王位后，便下令大兴土木建起了"国王的浴池"，也就是现在的罗马浴室博物馆。那天，我们去"国王的浴池"参观，刚好遇上情景再现，有三维立体的，也有真人秀的。一切的文化推演和解说都直白地告诉我们，巴斯小镇因古罗马皇帝在此洗澡而得名。英语 bath 一词就是澡堂子的意思。

走在起起伏伏的巴斯街头，目光所到之处都是雄浑厚重、雍容华贵、形式多样且富有浪漫主义色彩的古典建筑，凸显欧洲文艺复兴时期的乔治亚风格和亚当风格。

美妙、优雅、宁静的盖尔街是一条两百年基本不变的小街，现在依然可以在简·奥斯汀留下的文字中找到当年的出处。十八世纪末，她在巴斯度过两段长假，之后写就了《傲慢与偏见》；1801 年随父亲移居巴斯后，又接连完成了《劝导》和《诺桑觉寺》。回顾她短暂的一生，简·奥斯汀留下了六部长篇小说，成为英国文学史上的经典。

那天走在盖尔街的石板路上，差点与简·奥斯汀的塑像撞个满怀。简·奥斯汀纪念馆就坐落于此，游客可以在这里一边喝着咖啡，一边任凭思绪飘荡，穿越到两百年前，探寻

简·奥斯汀纪念馆

和简·奥斯汀生活息息相关的情景与物事。在大门外的一隅,简·奥斯汀穿着当年湖蓝色的连衣裙,脸颊微扬着凝视远方,是在期盼达西先生呢,还是等待让她一见钟情又肝肠寸断的爱尔兰律师勒弗罗伊?耳畔忽然飘过"假设你为我放下傲慢,假设你对我抹去偏见"的回响……

都说英国是一个多雨又多雾的国度,然而,我们在伦敦的一个星期,天天都是丽日晴空、艳阳高照;到了巴斯的第二天,周遭的环境才被淅淅沥沥的雨水淋得湿漉漉的。而且,气温骤降,让人猝不及防。

在罗马浴室博物馆的水泵餐厅吃过午餐,为了一睹巴斯小镇的全貌,我们便打车来到了普赖尔公园景观花园。

普赖尔公园景观花园位于巴斯南部的山丘上,修建于十八世

帕拉第奥桥

纪。这座花园被认为是英式庭园的典型代表,尤其是公园内的帕拉第奥桥,据说该桥是由意大利建筑师安德烈亚·帕拉第奥依据对称原理设计,是目前仅存的四座桥梁之一。

　　走进普赖尔公园景观花园,雨已经停了,但是,黑压压的大片乌云依然在头顶上方盘旋。蜿蜒的山路有些泥泞但还不算难走。微风过后的山林显得格外原始和寂静,倒地的枯树朽木横亘在小路两旁,周围长了厚厚一层苔藓和蕨类植物。不知名的菌菇类植物就像一大坨一大坨泡在水里的牛粪,上面爬满了白色的蛆虫,看上去有点恶心兮兮的。偌大的公园里除了我和同行的丁老师,几乎看不到其他游客。当我们穿过重重叠叠的山

巴斯小镇远眺

林，眼前豁然开朗，掠过大片草甸，整个小镇的远景一览无遗。

  这就是巴斯，一座保留了古罗马不同时期建筑风格和地理人文的不朽城市；有着旖旎的自然风光和欧洲文明相互交融的不俗景致、有着慵懒脚步与田园牧歌般的生活方式、有着遗世独立又不吝时尚潮流的文化气息。

千年土耳其

以弗所古城遗址

爱琴海位于希腊半岛和小亚细亚半岛之间，长610公里，宽300公里；爱琴海的东北部经达达尼尔海峡与马尔马拉海相连。这里不仅是欧洲文明的摇篮，更是浪漫旅程的象征。因此，爱琴海又有"爱情海"之称。2007年，考古学家在土耳其发现一对相拥而眠了8000年之久的情侣遗骸。消息一经传出，全世界向往美好爱情的年轻男女纷至沓来，演绎了一出又一出"死了都要爱"的浪漫活剧。金秋时节，我走进千年土耳其，感受爱琴海浓得化不开的蓝和从欧亚大陆弥漫开去的浪漫情怀——

古城穿越

土航TK0027航班，波音777宽体客机经过十二小时的飞行，终于稳稳地降落在伊斯坦布尔国际机场，再由伊斯坦布尔转机至爱琴海边上的小城市——伊兹米尔。

前来接机的是土耳其导游苏丹。苏丹自称是突厥后裔，曾经在我国吉林大学攻读考古专业，因此对中国的历史人文颇有研究。果敢、强硬、泼辣是游客对苏丹的一致

圣索菲亚大教堂

评价。用苏丹自己的话说:"我从小就是家里最叛逆的一个,父母试图改变我,结果没能成功,于是便成了那样了……"四十岁的女人只有在跟男朋友煲电话粥时才流露出些许温存。然而,苏丹在导游这一行当却相当专业,尤其是一口流利的中文和对古罗马历史的解读让她占尽先机。

土耳其曾经是世界文明的中心,它拥有波斯、古罗马等13个不同文明时期的历史遗产。众多的博物馆、名胜古迹都记录和见证了土耳其求同存异的文化。我们的旅程从以弗所古城开始。

以弗所是坐拥爱琴海西岸的滨海城市,大约在公元前十一世纪由来自古希腊的爱奥尼亚人所建,是一座典型的古希腊殖民城市。后来它在众多殖民城市中脱颖而出,成为古希腊工业和文化中心之一。到公元前六世纪时成为雄霸小亚细亚西部大片土地的吕底亚王国的工商业中心。此后饱经战火蹂躏,先后被波斯、马其顿、帕加马和罗马所占领,到中世纪渐趋衰落。

以弗所古城是目前世界上保存最完好的古罗马遗址。其中,阿尔特米斯神殿名列古代世界七大奇迹之一。这座城市曾经是埃及艳后克丽奥佩特拉拜访安东尼、让古罗马人惊艳的地方;这里曾经是拥有十二万卷藏书的图书馆、有可容纳二万五千个座席的大剧场、有世界上最早的公共厕所和妓女发布的石刻广告……然而,现在呈现在我们面前的却是生息全无的断壁残垣,那个在古希腊时期盛极一时的城市早已被岁月蚕食,它的肢体就像残缺不全、散落一地的远古生物骨骼的化石。

2012年3月18日，上海一游客在安塔利亚花20欧元购买了一块饭盒大的石头作为旅游纪念品，出境时被土耳其警方指控走私文物遭拘押，而这类石头正是形成庞大古建筑群的构件，它承载了大量始建于公元前二世纪的这座城市的文明信息，因而被土耳其警方认定为文物。今天，我们正是踩着这些破败不堪的城市构件来完成对千年古城的历史和文化的穿越的。就像你顺手捡起一块长城砖一样，其结果多半是一样的。

都说旅游是一项花钱买罪受的买卖，这话就看你怎么理解了。经过将近十五个小时的舟车劳顿，拖着疲惫的身躯穿越在《圣经》里提到的那座著名城市——以弗所古城遗址。传说圣母马利亚在耶稣被钉死在十字架之后，由圣保罗及耶稣的门徒带领来到以弗所附近的山上安度晚年。

站在千年古城的废墟之上，看着眼前发源于古希腊的柱式建筑，忽然想起十八世纪德国艺术史家温克尔曼在谈到希腊艺术杰作的普遍优点时说，它"在于高贵的单纯和静穆的伟大"。

血染棉花堡

晚上住在爱琴海边上的度假酒店。站在酒店的阳台上看爱琴海日落，听潮水冲刷沙滩的声音，确实别有滋味在心头。尤其对于久居城市的人来说，无疑是一次难得的压力释放。入夜，对岸的希腊灯火闪烁，犹如爱琴海蹦出来的音符，时而激越时而悠扬……

多尔马巴赫切宫

第二天清晨，海平面上升腾起一缕淡淡的霞，爱琴海微风徐徐、波澜不惊。走在柔软的沙滩上，看着成群结队的海胆在清澈的海底蠕动，又尖又长的针刺在海浪的作用下左右摆动，就像大型集体操一样优雅柔美、整齐划一。

早餐之后我们便坐车向棉花堡进发。

棉花堡位于土耳其代尼兹利市西南部，是全球知名的温泉度假胜地，此地不仅有上千年的天然温泉，更有这种古怪的好似棉花一样的山丘。大自然的鬼斧神工制造出了如此美妙的仙境。土耳其文Pamukkale是由Pamuk（棉花）和Kale（城堡）两个词组成的，棉花是指其色白如棉，远看像棉花团，其实是坚硬的石灰岩地形。城堡是说它由整个山坡构成，一层又一层，形状像城堡，故得名棉花堡。此地多温泉，温泉自洞顶流下，将山坡冲蚀成阶梯状，平台处泉水蓄而成塘，人们可坐在里面泡温泉，既解乏，又健康；泉水中的矿物质沉淀下来，把整个山坡染成白色，像露天熔岩。从上往下看，一方方温泉平台像一面面镜子，映照着蓝天白云；从下往上看，像刚爆发完的火山，白色的熔岩覆盖了整个山坡，颇为壮观。

然而，赤脚走在坚硬的石灰岩上，并不是一件轻松的事情。在车上的时候，导游苏丹已经再三叮嘱，棉花堡是个事故多发地，山上没有安全措施，山下有得是急救设施……

到了棉花堡不去泡一泡温泉似乎有违常理，但是，当你走进棉花堡，那简直就是受罪了。尤其是那些平时走路比较少的游客，走在石灰岩上犹如走进地雷阵，胆战心惊、步步为营。

岩面湿滑不说，有些石灰岩经过水流长年累月的冲刷，地貌形态犹如一排排锋利的刀片，一不留神就会脚底开花。我为了躲避一片坚硬的小卵石，一脚踩在刀刃上，顷刻间脚下泛起桃花一片，犹如颜料滴入清水里一般。哦，棉花堡，说声爱你不容易！

温泉对皮肤病有一定的辅助治疗作用，原因在于大多数温泉都含有丰富的钙、钾、氡等微量元素；而温泉中的硫黄则有软化角质和净化肌肤的效果。因此，全世界的温泉大多被作为旅游业的一大支柱卖点，棉花堡也不例外。

站在山脚仰望山巅，密密麻麻的人群就像蚂蚁搬家，从山顶向山腰间流动，形成一条千米长的彩带，浩浩荡荡、蔚为壮观。棉花堡的地形犹如无数叠加的浴盆，绿中泛蓝的盆汤中人满为患，就像一个偷懒的厨师下出来的一锅饺子……

"这怎么走呀？"领队小林是个胖乎乎的年轻妈妈，一摇一摆地走在滑溜溜的石灰岩上，形同鸭子、憨态可掬。再看看脚下几米深的地方是一个更大的浴盆，"哇！掉下去怎么办？"于是，一屁股坐在盆沿上，"还是泡泡脚算了，安全第一喔！"

夜宿洞穴旅馆

卡帕多西亚的格莱美露天博物馆已被列入联合国教科文组织世界遗产名录，整个露天博物馆由几十座中世纪岩窟教堂组成。这里保留了建于十世纪、装饰着华美壁画的拜占庭风格的

棉花堡

蓝色清真寺

教堂。行者徒步穿越卡帕多西亚众多的峡谷是探寻这些岩窟教堂的最好方式。

据说十四世纪，卡帕多西亚巨石林立，众多修道士来这里凿洞而居，过着远离凡尘、苦行修道的生活。后来，更多人为了躲避战乱而在这里建筑洞穴版的世外桃源，其中地下城就是当地人抵御外来侵略所挖掘的能攻易守的地下长城。今天，能供游客参观的只是整个地下工事的一小部分。走进地下城犹如走进迷魂阵，这里洞套洞、巷连巷，取水口、排污口、仓库、灶间、卧室一应俱全。古人煮饭烧水留下的烟熏火燎的痕迹依稀可辨。地下城的构造有些类似我国影片《地道战》里的地下工事。但是卡帕多西亚的地下城更加宽敞，比较适宜人类居住。现在，这里已经成为土耳其最著名的旅游风景区，住进洞穴旅馆成为世界各地游客去卡帕多西亚旅行的一大特色。

卡帕多西亚有许多大大小小的洞穴旅馆，它们依山而建，外形大同小异，与我国敦煌莫高窟十分相似。虽说洞穴旅馆设施完善，每一个房间虽不宽敞但也算得上温馨舒适，然而，当你刚刚踏进洞穴旅馆时，一股扑面而来的碱腥味依然让人感觉很不舒服。洞穴旅馆多为小型旅馆，从十几套房到几十套房不等。原因在于卡帕多西亚的地貌特征比较特殊，岩浆和火山灰形成的隆起绵延不绝，但单个的山脊规模不大。因此，当地的洞穴旅馆很难接待大型旅游团队。那晚导游苏丹和司机他们只能另觅他处了。

这里的洞穴旅馆家家号称五星级标准，旅游说明书上一般也是这样标注的,其实不然。这里的旅馆从配套设施到服务内容与星级标准相去甚远。酒店没有大堂,只有一间二三十平方米的接待室,楼梯、过道、露台等公共部位清一色铺着白色地砖,人行其上,以为一不留神走进了游泳池。客房里的手工家具也极其简陋和陈旧,乍一看,类似祖上传下来的白木家具;坐在床上,铁制的床架总能发出咯吱咯吱的金属咬合声。房间的墙壁和房顶到处是钢钎留下的凿痕,粗糙、原始,时不时还会飘下些许火山粉尘。只有随团的两个孩子,高兴得在床上蹦蹦跳跳,犹如老鼠进洞一般闹得欢。即便如此,从繁华嘈杂的都市躲进悄无声息的洞穴,怀着猎奇的心态体验一下远古时期我们的祖先是如何进入穴居生活的,也算是让身心作一次远距离的回归和憩息。

惊魂热气球

卡帕多西亚的埃尔吉亚斯山和哈桑山史前是地质活动频繁的火山群,炙热的岩浆和火山灰凝固成厚厚的凝灰岩。随着斗转星移、时间更迭,凝灰岩松软的部分被销蚀殆尽,而坚硬的部分得以残留下来,形成如今千姿百态的岩石群——有壁立千仞的悬崖,有蜿蜒绵长的岩石褶皱,有沟壑纵横的峡谷,更多的则是像蘑菇像尖塔一般的石笋和石柱。这里奇石林立、地貌奇特,被美国《国家地理》评选为地球十大美景之一。这里也被称为"地球上最像月亮的地方",因此被慧眼独具的导演乔治·卢卡斯选为《星球大战》的外景地；卡帕多西亚独一无二的地貌特征也被全球众多游客戏称为"大地之父"。

伸手不见五指，游乐公司的面包车已经停在了卡帕洞穴酒店的门口，一群睡眼惺忪的游客随即像梦游一般地被带到热气球运动中心。不看不知道，一看吓一跳。此前我在肯尼亚马赛马拉国家野生动物保护区已有乘坐热气球的经历，那时，广袤的草原上空只有两只热气球；而眼前的卡帕多西亚除了石笋和石柱，几乎举目皆是热气球。尤其当东边日出时，漫天的热气球犹如运动会开幕时飞向天空的气球，五彩缤纷、险象环生。一丝不祥的预感犹如闪电一般在我的脑海掠过，原因在于16个座位的篮子里被塞了24个人。驾驶员向韩国旅行团的领队交涉未果，竟然强行将超载的热气球升空。结果热气球只能在低空盘旋，原本可以上升一千米的，现在只能减半飞行；原本可以俯瞰卡帕多西亚全景的，现在只能看个中景和近景；原本可以深入峡谷让人近距离一探穴居奥秘，现在只能在远处瞄一瞄洞穴的天窗长啥样。即便如此，热气球还是不堪重负一头撞在崖壁上，还是韩国游客训练有素，集体抱头蹲坐在篮子的底部，唯有中国游客还莫名其妙地趴在篮筐上看新鲜。

其实，卡帕多西亚的热气球的事故率是比较高的，在国内也时有耳闻：2009年2月15日，卡帕多西亚热气球急降，造成23名土耳其本地游客被卡12楼高的山崖，结果造成12人受伤；同年5月29日，卡帕多西亚发生热气球空中相撞事件，一热气球直接从半空摔向地面，导致1名游客死亡、9人受伤，

卡帕多西亚奇特的地貌

而死者凯文·博伊勒还是英国著名的太空科学家；2013年5月20日，在同一地点发生热气球相撞事故，导致2人死亡、23人受伤。

我们这一次的事故似乎与2009年2月15日热气球急降有着惊人的相似，原因都是超载。值得庆幸的是我们这次离开地面的距离比较近，游客也没有受伤，只是受到了惊吓而已。

驾驶热气球的是土耳其当地人，眼看篮子斜靠在悬崖边上，急忙通过呼叫器招来六七名壮汉，连拖带拽地将热气球拉到平地上。一场翘首以盼的空中之旅在惊险中草草收场。请导游苏丹去讨个说法，结果也是可想而知的。

偶遇乾隆白玉炉

托普卡匹宫位于伊斯坦布尔欧洲老城区东侧的萨拉基里奥角，是博斯普鲁斯海峡与金角湾及马尔马拉海的交汇点上的一座辉煌的建筑。向南可以眺望马尔马拉海，往北可以欣赏博斯普鲁斯海峡。1465年至1853年这里一直是奥斯曼帝国的政治和经济中心，曾经是苏丹王在城内的官邸及主要居所，托普卡匹宫是昔日举行国家仪式及皇室娱乐的场所，现在则是当地主要的旅游观光胜地。宫中珍藏了来自世界各国的奇珍异宝，其中有多达一万两千多件中国瓷器，是继中国和德国之后世界上第三大瓷器收藏馆，这里所藏中国瓷器多产自元、明、清时期的龙泉和景德镇，以及奥斯曼帝国时代留下的许多皇室的服饰、用品、古物等。最著名的要数那颗重达86克拉的钻石和重达3公斤的翡翠以及托普卡匹短剑。然而，最让我一见倾心的无疑是清乾隆白玉五爪龙耳炉。

被置于银盘中那颗重达86克拉的梨形钻石，周围由49颗钻石排列成众星拱月状。传说这颗号称世界第二的钻石是从集市的地摊上淘来的，它的主人实在是肉眼凡胎，把这颗价值连城的钻石当作毫无价值的水晶处理了。用现在的行话说，买家这个漏捡大了。然而，话也要说回来，那颗梨形钻石看上去确实其貌不扬，如果按照现在的4C标准来给这颗钻石定级的话，除了重量之外，净度、颜色和切工都不怎么理想。尤其是切工，在冷光灯的投射下一点熠熠生辉的感觉都没有，它的主人把它视为水晶也就不难理解了。

托普卡匹宫的展品都是从众多宝物当中精挑细选出来的，每一件展品都有一个传奇的故事。托普卡匹短剑的剑柄饰有三颗祖母绿宝石，剑鞘的表面用瓷釉及钻石镶嵌而成。据说，1747年苏丹·马哈茂德一世铸造了这柄短剑赠予波斯的纳迪尔·沙阿。但是，波斯的使者还未取得这柄短剑，纳迪尔·沙阿就被暗杀了，故苏丹王依然保留了这柄短剑。

在展厅的一隅，我忽然眼前一亮，几件乾隆年间的玉器静静地伫立在陈列柜里，其中一件乾隆白玉五爪龙耳炉精光内蕴，绽放着静默的光彩。但见该炉玉质洁白细腻，炉身两条五爪龙张牙舞爪呈飞天状，"乾隆工"纤毫毕现的琢玉技艺在龙鳞龙爪间体现得淋漓尽致，两耳三足鼓腹彰显沉稳大气。尽管在它的周围布满了红蓝宝石、祖母绿和钻石等奇珍异宝,依然掩盖不了它低调奢华的皇家气派。

但是,这样的宫廷陈设是如何通过丝绸之路来到奥斯曼帝国的依然是个谜。因为乾隆后期,清廷开始实行全面的闭关锁国政策,一开始是四口通商,到后来只有广州开放对外通商,且由十三行垄断其进出口贸易。乾隆皇帝在答复1793年英国国王乔治三世要求建立外交和贸易关系的一封著名的信中这样写道:"在统治这个广阔的世界时,我只考虑一个目标,即维持一个完善的统治,履行国家的职责……我根本不看重奇特或精巧的物品,因而,不需要贵国的产品。"乾隆皇帝明确拒绝了与西方的贸易往来。

因此,这件乾隆白玉五爪龙耳炉是不是1840年鸦片战争之后从圆明园劫掠后转赠给奥斯曼帝国的,就不得而知了。据不完全统计,火烧圆明园之后,约有150万件宫廷珍藏流失海外,分藏在欧洲国家的各个博物馆和其他收藏机构之中。

探险之旅

奥克兰沉睡的火山口

南半球的季节与北半球刚好颠个个，当北半球的植物渐渐枯萎凋零时，南半球则完全是另外一幅景致——樱花盛开、春意盎然。

穿越温带雨林

9月25日下午2点20分，浦东国际机场，新西兰航空NZ288航班在巨大的呼啸声中起飞。

虽说波音777是大型的远程商用客机，但是，航空公司为了增加运能，座位的间距一般能精确到毫米，尤其是经济舱的活动空间就更加局促了。经过11个小时的飞行，当地时间上午5点30分，也就是北京时间凌晨1点30分，奥克兰机场的入境处已是人满为患，等办完通关和转机手续，太阳早已高高挂起。

都说新西兰机场的入关检查是世界上最严格的，旅客携带动植物制品都必须申报；反之，一旦被查实，将面临高额罚款。随团的贺姓夫妇携带了四只月饼，想在异国他乡的中秋之夜犒劳一下自己，结果没能逃过新西兰海关的法眼，其中三只内馅蛋黄的月饼被悉数砸进了垃圾桶。新西兰政府试图通过严防死守来杜绝禽流感病毒的流入。上午9点20分，我们乘坐号称"黑骑士"的支线飞机由奥克兰飞往基督城。

基督城位于新西兰南岛东岸，又名"花园之城"，是新西兰第三大城市。当地时间2011年2月22日12时51分，基督城东南 10 公里的利特尔顿发生 6.3 级强烈地震，震源深度 5 公里，造成重大人员伤亡。时至今日，当我们进入基督城的市中心，犹如走进了巨型的建筑工地，残垣断壁随处可见。

负责我们南岛整个行程的是号称"南岛一哥"的当地华人导游梁俭波，游客更喜欢称他为梁导；四十年前他从香港移民新西兰，目前从事导游兼司机的工作。梁导今年 61 岁，抑或是"逆生长"的缘故，看上去才刚刚五十开外。虽说个子不高，但形体结实、身手敏捷，穿一件白色 T 恤，外套一件户外运动马甲，头上戴着耳麦，两眼罩着墨镜，双手稳稳地把着方向盘，举手投足间处处透露出睿智、沉稳、干练的特质。

巴士从基督城到格雷茅斯花了四个多小时，而且，汽车大多行驶在海拔 3000 米的盘山公路上。由于新西兰是个地广人稀的国家，全国人口不过 400 多万，三分之一集中在奥克兰，因此，其他地区的人口就十分有限了，以至于整个行程中，巴士基本行驶在崇山峻岭的无人区。新西兰的原始植被被保护得相当不错，温带雨林气候下的原始森林郁郁葱葱，大片大片的红榉树的树干上裹上了厚厚一层苔藓，云雾缭绕的丛林中时不时掠过几道雨后的彩虹，以及彩虹下被汽车撞死的果子狸。据说果子狸在对岸的澳大利亚属于濒危动物，而在新西兰则繁殖过度、泛滥成灾，原因是没有天敌；最多的时候，果子狸数量接近 8000 万只，平均每个新西兰居民可以分配到 20 只。如今新西兰政府已经采取行动，试图将该物种的数量控制在一定的范围内。

探险之旅 ——— *073*

翻越福克斯冰川

巴士在天色尚未完全暗下来之前，终于到达了滨海城市格雷茅斯。

格雷茅斯曾经是毛利人居住的地方，格雷茅斯的意思是宽阔的河口，城市也因小镇的河口而得名，是新西兰南岛西海岸最大的城镇，人口一万五千余。附近保存完整的仙蒂镇是十九世纪新西兰淘金热潮的鲜活档案。这个当年的英殖民地小镇可谓麻雀虽小五脏俱全。杂货铺、酒吧、餐馆、医院、教堂等生活设施一应俱全；小镇还设有法院、牢房、消防配套等。

在小镇的一隅，是旧中国积贫积弱时流落他乡的劳工聚集地——中国城。所谓中国城，其实就是一个院落和几间声息全无的木板棚屋；几只小红灯笼在幽暗的房间里轻微地晃动，供桌下残留的一堆炭火仿佛余温未尽，抑或垂暮之年的主人想通过这样的载体，向后人叙述当年中国的拓荒者们背井离乡、不堪回首的苦难岁月。唯有硕果仅存的蒸汽小火车依然动力强劲，在历史与现实之间来回穿梭。当我们刚刚走进小镇大门，一群穿戴着十九世纪英国乡村服饰的当地姑娘横卧铁轨，演绎着不堪沦为寡妇的情景剧。

徒步福克斯冰川

9月28日上午9点，行程210公里，从格雷茅斯进入福克斯冰川。福克斯冰川，意译为狐狸冰川，位于新西兰最高峰——库克山的背面。冰川的形成得因于高山终年积雪并逐渐凝固在峡谷间的一种自然现象。总长度约13公里，深达350米，是新西兰西海岸最长的冰川。整个冰川从南阿尔卑斯山脉南麓海拔2600米高度缓缓向下漂移，每天以50厘米左右、几乎让人难以分辨的速度向距海平面300米处的温带雨林延伸。然而，它却是迄今为止世界上流速最快的冰川。

午后，在当地向导的引导下，我们换好所需衣服和装备，行程4小时，穿梭在冰盖和缝隙之间。原以为冰川应该是一片白雪皑皑的纯净世界，然而，由于我们徒步的是冰川的末端，从山脚向山巅反向攀爬，因此，山坳里砾石成堆，都是从山上滚下来的沉积岩，有点类似昆仑山上的页岩，不过这里的沉积岩色彩更加丰富，并且富含硫黄和金属矿物。当我们真正进入冰川时，大伙已经在乱石堆里跟跑了一个多小时，身上的衣服已经湿了好几回了。进入冰川，才领会梁导叮嘱我们要穿四件衣服的真正含义，才明白天寒地冻的滋味，好在防风防湿的装备齐全，才不至于冻着，尤其在穿越缝隙时，肃杀的穿堂风那才叫一个透骨冷。

站在冰盖上极目远眺，周围是一片人迹罕至、悄无声息的纯净世界。向导是个年轻的帅小伙，机警地打量着我们脚下的冰盖，并不断示意我们紧跟他的步伐。原因是这里的冰川正在渐渐融化，原本厚厚的冰层如今已呈现千疮百孔的态势，远远望去，就像大象的皮肤，粗糙、褶皱、沟壑纵横。尤其是在太阳的作用下冰盖的裂隙深处泛出淡淡的网格状的万年蓝，这就意味着原本结实的冰盖正在慢慢分崩离析。但是，话也要说回来，徒步冰川不就徒个坑坑洼洼，看个四处崩裂，在沟壑之间玩个心跳，体验一下200万年前的岁月沧桑吗？

此时的福克斯冰川万籁俱寂，风声、喘息声和钉镐的撞击声对于广袤的冰川而言，可以忽略不计，唯有来自山巅的雪水从脚下溶洞里穿过时留下轰隆隆的回声才具有摄人心魄的永恒魅力。捧起一掬清澈的融冰之水，甘洌、纯净、沁人心脾。虽说整个行程有惊无险，但是，翻越冰川毕竟是个体力活，稍不留神就有可能出现状况，这不，连向导在内还是有三四个人在穿越狭长的缝隙时，被锐利的冰刃所伤。

5000米高空跳伞

新西兰南阿尔卑斯山脚下的瓦纳卡是一个只有五千居民的小镇，然而，它却是世界著名的户外运动和极限运动的大本营。在这里划船、登山、攀岩、滑雪，或者享受单车越野的乐趣。然而，今天我们选择了跳伞。

9月29日下午2点，微风、少云、天空晴朗。

梁导说："今天天气不错，适合跳伞。"以前他也带团来过，结果都没跳成。原因是新西兰的天气实在是变化无常，经常是东边日出西边雨。其实，这种喜怒无常的天气我们已经领教了好几回了，尤其在皇后镇的那几日。出门还是丽日晴空，一转眼就乌云密布、大雨瓢泼，而且，气温骤降，让人防不胜防。

站在一旁的领队小韩双手合十，一个劲地祈祷着，他太需要

瓦纳卡小镇跳伞

这次成功的跳伞记录了。用小韩的话说，他带新西兰的团已经无数次了，竟然没有一个跳伞的，旅行社的其他领队都有这方面的记录，唯独他没有，觉得很没面子。今天好了，一个团里竟然蹦出五个跳伞的，这种现象在亚洲的旅行团中是不多见的。于是，一个三十好几的大男人笑得跟花似的，口中念叨着回家一定让他妈烧红烧带鱼。

其实，小韩是个充满喜感的人，有时候可能还有些二，尤其是在米弗峡湾的经历，更加深了游客对他的印象。那天，阴雨绵绵，整个米弗峡湾笼罩在灰蒙蒙的雨雾之中，能见度不过几十米，然而，这种天气却形成了另外一种景象——峡湾两旁

　的群山瀑布成川、蔚为壮观。当游轮穿越最大的瀑布群时，风向突然改变，原本站在船尾拍照的小韩一看情况不妙，拔腿就跑，结果慌乱中出错，反而将门顶死。等反应过来为时已晚，被同样想躲雨的几个人高马大的外国老太太挤在了门板上动弹不得。等险情过后，站在我们面前的小韩犹如刚从水里捞上来一般，从头到脚淌着水。

　　我们在经过简单培训和签署了一叠文件后，终于登上了飞机。跳伞的时间到了，反而比起刚才看到文件中"可能会死亡"的黑体字时的忐忑心情平缓多了。其实，关于跳还是不跳，已经在脑海中挣扎许久了，原因是这类极限运动接二连三地出现状况——

皮划艇

2006年，新西兰一名69岁高龄的跳伞学员在一次跳伞训练中没能打开降落伞，他的教练员在降落过程中替他打开降落伞后，仍未能挽救他的生命。原因是该学员无法适应自由落体的超强负荷，当场在空中就晕死过去了。

2007年2月14日，25岁的英国泽西岛男子迈克尔·霍尔姆斯在新西兰北岛跳伞时，突然发现自己的主降落伞无法打开，他试图打开备用伞，结果也以失败而告终。朋友只能眼睁睁地看着他像陀螺一样快速旋转着坠向地面。幸运的是，霍尔姆斯最终落入了一片黑莓灌木丛，大难不死，奇迹般地幸存了下来。

2010年9月4日，一架小型跳伞机在新西兰南岛西海岸一处旅游景点附近坠毁，包括数名外国人在内的9人在事故中丧生。

2012年8月16日，新西兰一名跳伞运动员从高空跳下时也因主降落伞打开失败，备用伞发生故障，致使他摔落地面，身受重伤。警方在一份声明中说，这名男子35岁，当天下午在新西兰南岛莫图伊卡机场上空跳伞，坠落至距离地面大约230米时，备用伞终于自动打开，却没能正常发挥作用，只起到一定缓冲效果。

一串触目惊心的数据都是围绕着极限运动叠加的。世界上几乎所有保险公司都把跳伞、蹦极、冲浪、滑雪、潜水等，认定为高风险项目不予承保。而新西兰经营极限运动的商业机构为了规避风险，往往要与参与者签一份类似"生死状"的文件。这份"生死状"其实就是一份具有法律效力的免责协议，即签署人如果发生意外将自行承担全部后果。其文字表述基本与我国的《拍卖法》的免责条款类似。后者可以对艺术品的真伪不担责任，而前者则明确规定跳伞者对运动过程中出现的意外责任自负。然而，极限运动的魅力就在于"明知山有虎，偏往虎山行"的悲壮情怀。

飞机已经盘旋了十几分钟了。

我们乘坐的是一架经过改装的教练机，橙色的外表、单引擎螺旋桨发动机，远远望去就像一个没有吃饱的孩子。我忽然想起吴冠中先生笔下的金刚鹦鹉——形体修长、羽毛艳丽、脑袋发达、桀骜不驯。

这么一只皮包骨头的小鸟，竟然能装得下连驾驶员在内的15个成年人。在国内的时候，对春秋航空的座位空间设计颇多微词的朋友，如果你坐过我屁股下的这只"金刚鹦鹉"，那对低成本航线的乘坐空间就不会再耿耿于怀了。除了驾驶员有只像样的座位之外，我们就只能前胸贴后背、大气不敢喘，左顾右盼大家脚碰脚。头罩、连体衣和护目镜，看高一点，个个都像宇航员；看低一点，活脱脱一个采煤工。

飞到12000英尺高度时，飞机舱门终于打开了，第一个跳的是叫魏炜的姑娘，看上去白净文弱的女孩竟然也喜欢"重口味"。联想到自己的女儿何尝不是如此，要不是她执意要跳伞，我怎么可能跑15000英尺的高度来冒险？

当舱门再一次被打开，教练用手指了指腕上的表，高度显示飞机已经到了15000英尺的上方。我们约定的跳伞高度到了，从两腿悬空坐在舱门口，到一个筋斗翻出舱外仅仅用了不到三秒时间。

在一分钟的自由落体过程中，除了失重、耳朵疼痛、眼睛因寒冷而流泪外，似乎什么感觉都没有；原本以为会十分恐惧，结果并非如此。其实人的最大敌人是自己，当你战胜了恐惧，你就会无所畏惧，更何况身后还有一个教练保护着你。

不过，我那个教练简直就不是省油的灯，在飞机上的时候问我财产继承人是不是他，自由落体时又用手把自己的眼睛蒙起来，声嘶力竭地告诉我降落伞打不开。好在我早就知道这些把戏，也就处变不惊了。

教练见一计不成又生一计："Is it right? You want to commit suicide?"

依山傍水的皇后镇风光

"有呀!"我明白他的意图,配合地说。

"Why don't you do it in China?"

"成本太高,而且没有垫背的。"我继续表演。

教练似乎明白了我的意思,一个劲地摆手:"No, No, I'm still young!"

说话之间,我们以每小时200公里的速度扑向地面,眼前的地面就像一个巨型沙盘,新西兰第四大湖——瓦纳卡湖如同浴缸大小,它的支流就像一条蓝色的蚯蚓在玩具般大小的建筑和农田间缓缓蠕动。俯瞰身体下方连绵不绝的南阿尔卑斯雪山和一朵朵在山脊凝固的云彩,如诗如画般的奇妙景致怎能不令人心旷神怡。人就像小鸟一样展开翅膀轻灵地在空中穿梭自如,视野也可以被无限放大,从未有过的另类体验确实妙不可言。几分钟之后,我们稳稳地降落在指定的地点。教练说:"你很勇敢,是不是再跳一次?"

我断然予以拒绝。

卡瓦劳大桥蹦极

10月2日上午,天空晴朗、气候寒冷。

一大早就被"南岛一哥"的电话催醒,说好去箭镇看看。

箭镇位于皇后镇东北21公里处,是新西兰风景如画的居住区之一,人口1700左右。小镇完整保存了十九世纪以来的历史建筑。

蹦极

1862年威廉·福克斯在小镇附近发现了黄金,从而促进了小镇的发展。据史料记载,由于当地劳动力匮乏,政府发出邀请,从北半球雇用了8000名中国矿工。如今,箭镇依然保留着中国矿工生活居住的简陋小屋。在这些矿工居住的木结构的小屋里依然可以看到一百多年前被用来糊墙的报纸。如今箭镇的主要大街——白金汉街是原汁原味地反映当年繁荣景象的最好佐证。街道两旁的古老建筑鳞次栉比,您可以在博物馆取一份老建筑目录,花一个下午感受箭镇独特的历史氛围。

在回皇后镇的路上,刚好经过卡瓦劳大桥,这里是世界蹦极的发源地。

蹦极是新西兰人海克特发明的极限运动。1987年,他用绳子捆住自己的双脚,从埃菲尔铁塔纵身一跃开了蹦极的先河。一年后,海克特在卡瓦劳大桥上建立了蹦极的商业基地,新西兰人把蹦极玩出了花样。也许，今天的天气实在太冷，因此，前来蹦极的人并不多，但是，在平台上看热闹的人却不少。随团的人都不愿冒这个险，即便是前几天跳伞的那几个男孩女孩。

朱蓓莉是一个性格奔放、大大咧咧的女孩，而她的法兰西先生 Eric 却是个个性内敛、很有绅士风度的摄影爱好者，从他的摄影作品的取景就能看出，Eric 是一个完美主义者。用朱蓓莉的话说，她的先生是个好脾气的男人，有时想吵架都找不到方向；你在火里，他永远在水里。Eric 能听懂上海话，也能说一些简单的汉语。从那天跳伞到今天蹦极，我们尽力游说他，是不是也脱胎换骨一下？

因为，国外把蹦极看作是最接近死亡的运动，曾经有一对新婚夫妇把婚礼仪式搬到了蹦极现场，结果由于计算错误，一头栽下去就没能回来。因此，现在有许多生活、工作乃至谈情说爱遭遇挫折的人，都会从世界各地汇聚卡瓦劳大桥，以期重新做人。

Eric 不想蹚这浑水，他说："这么美好的记忆还是留给下一次吧，不然，回去就没有什么念想了……"回答得十分智慧。但是，也有人在一旁尖叫："乖乖，这么高呀，倒贴钱我也不跳！"

蹦极之前先要过磅，以重量来决定绳子的长度。站在卡瓦劳大桥上简直就是受罪。那天是我们进入新西兰之后最寒冷的一天，估计当天的气温仅零度以上。原本准备穿游泳裤往下蹦的，结果穿着运动衣还感觉寒风刺骨，看看周围的工作人员，个个穿着滑雪衫。是不是老天真的跟我过不去,今天不跳死也得把我冻死呀!

绑上双腿,像兔子一样蹦到跳板上,往下一看,好家伙,这么高呀!原本准备来个海底捞月,让手臂亲近一下水面,然而,这么寒冷的天气也就不勉为其难了。因为,从桥上跳下去很快,但是,再从河谷走回桥面就不容易了,万一绳子计算出现偏差,整个身体泡在水里那就糟了,无异于把一条鱼从水里捞出来直接塞进冰箱的冷冻室。

再说,原以为自己从5000米的高空都敢往下跳,现在区区43米不算什么。其实不然,一个是有人带着你跳,一个是你自己往下砸,心理感受完全是不一样的。更何况,平台上那么多的长枪短炮对着你,无疑是来断你后路的。

俗话说,开弓没有回头箭,更何况我身后站着两个彪形大汉,早就把你的退路给堵死了,看这架势,你若不跳,踹也得把你踹下去。好在我有10米跳台的经验,一个鱼跃下去喽。这个过程很美妙,就眼睁睁地看着自己快速向湍急的河流冲去,当你以为自己的双手马上就要触碰到水面的时候,整个身体又被拽了回去。犹如秋千一般,荡过来又荡过去。

当我从山脚往上爬的时候,就见我女儿纵身一跃也跟着下来了。唉,这孩子自幼胆小,而且恐高……

吴哥览胜

吴哥遗址外景

金碧辉煌的金边王宫

　　吴哥窟是柬埔寨的象征,是一段历史、一个朝代和一群建筑。

　　吴哥是九至十五世纪东南亚高棉王国的都城,吴哥王朝先后有过25位国王,统治着中南半岛的大片土地。并先后建造了大吴哥、小吴哥和女王宫等600多座建筑。1431年泰族军队攻占并洗劫了吴哥,该城废弃。吴哥从此湮没在方圆45平方公里的热带丛林达400年之久,直到1860年才被发现。吴哥窟是世界七大奇迹之一,1992年被联合国教科文组织列入世界人类文化遗产加以保护。

　　三月,属于热带季风气候的柬埔寨已是酷暑难当,我们连续八天在吴哥的千年古道和废墟间来回穿梭,深深被高棉王国浩大的文化工程和无与伦比的艺术造诣所震撼。

美轮美奂的吴哥窟

对吴哥窟的初步印象是从柬埔寨的国旗和钱币上得来的。五个玉米状的塔尖象征柬埔寨悠久的历史和古老的文化。

吴哥窟,又称小吴哥,占地162.6公顷,整座建筑重量超过3000万吨,主建筑由五座圣塔组成,供奉印度教三大天神之一的毗湿奴神,其精神源于印度神话中"宇宙中心"的概念。吴哥窟是世界上规模最大的寺庙,也是整片吴哥古迹中保存最完整、最能代表吴哥王朝盛况的经典之作。

小吴哥的看点很多,但最经典的主要有三:其一,沿着彩虹桥过西门,迎面是一条三百多米长的石砌古道,道路两旁则由石雕七头蛇做护栏,象征风调雨顺。走过古道两边的千年藏经石窟,来到位于小吴哥前面的池塘。别看这巴掌大的小水池,这里恰恰是观看吴哥倒影和日出的最佳地点。每当吴哥窟从沉睡中醒来,厚重的朝晖将烟火色的古窟抹成一片金红,彰显大气与辉煌。而水中的倒影更是随着微微泛起的涟漪虚实变幻、妙趣横生。

吴哥窟是一座由三层回廊环绕的田字形建筑,回廊上的石刻浮雕完整地保存至今,浮雕题材取自印度《摩诃婆罗多》和《罗摩衍那》两大史诗。东墙是"乳海翻腾"的传说,叙述毗湿

隐匿在森林中的吴哥遗址

奴神的故事，西墙是"神猴助战"的故事，南墙是古高棉人与泰族人战斗的场面，而北墙则是毗湿奴神降魔的故事。四堵墙总长800米，而800米长廊的浮雕石刻历经千年而不朽，至今气势恢宏、精美绝伦。虽说局部有拓片时留下的印痕和柬埔寨连年战乱所留下的弹孔，但并不影响人们阅读和审美的兴趣。这是其二。

其三，吴哥窟的五座玉米状宝塔是兴都教圣山的象征，中间最高的叫须弥山，攀登须弥山则象征升天。而通往天堂的石梯约四层楼高，一梯到顶，绝无缓冲的地方。石梯宽度不过10厘米，每格台阶高约25厘米，比一般台阶高出10厘米。最让人不可思议的是整座石梯十分陡峭，约垂直水平70度。在烈日的烘烤下，每级石梯都异常炙热，圣山显得如此高不可攀。

由于"天堂之梯"还有一个好听的名字，叫"爱情之梯"，于是，每年都吸引着众多异国情侣来此登梯，以示爱情的忠贞不渝。然而，每年都有失足事件发生，尽管当地政府已在此竖了不少禁止攀爬的禁令标志，但来此历险的情侣依然有增无减。

如今的吴哥窟更像一处优雅、轻松的休闲场所。一些游人不再满足于行色匆匆地在景点与景点之间来回穿梭，而是安坐千年石阶，懒散地翻动着手上的书籍，以此来放松心情、享受自然、享受生活；也有不少异国情侣靠在古老的屋檐下尽情释放着两人世界带来的温馨和愉悦。

吴哥窟演绎着沧桑过后的美丽。

神秘诡异的塔布茏寺

惊悚、鬼魅、灵异,站在塔布茏寺幽暗的过道,眼前却浮现出爱尔兰作家布莱姆·斯托克的恐怖小说《德古拉》中许多令人毛骨悚然的情节。

三月的柬埔寨,燥热难耐。然而,一走进塔布茏寺却阴风扑面,令人不寒而栗。据说,这里是吴哥王朝一位皇太后的陵寝,也是整片吴哥遗址中最诡异、最奇幻的地方;当地人将这儿称作鬼狱或者凶宅。

傍晚时分,残阳如血,高大、昏暗的树冠上不时滑过几声猫头鹰凄冽的鸣叫声。整座塔布茏寺笼罩在热带雨林特有的迷雾与瘴气之中,如幽魂飘忽,尽显荒凉、落寞和恐怖。难怪《古墓丽影》的外景地会选择在此,导演西蒙·韦斯特真是"鬼眼独具"。

塔布茏寺的诡异,还表现在巨树对古窟的绞杀。这种自然界相互吞噬的另类体验,足以让身临其境的游人产生强烈的震颤和畏惧。巨蟒一般的根系盘根错节,游走在建筑之上,或穿堂入室顶破屋檐往上爬,或如巨大的章鱼张开柔软而又黏稠的八爪,将猎物死死缠住,直到猎物窒息、散架。整个场景莽荒、暴戾、悬念迭出。这种看上去白乎乎、滑溜溜的植物,被当地人称作蛇树,是热带雨林特有的树种,疯长、霸道、不成材。

其实,在十九世纪,塔布茏寺被法国植物学家亨利意外发现时,它已在此沉睡了四百多年,许多建筑已被巨大的蛇树其发达的根系所盘踞。今天,留给游人的满目断壁残垣和散了架的古窟构件,足以说明自然界在争夺生存空间时的惊心动魄。为了减少因伐木而对古窟造成的破坏,当地政府才决定将蛇树作为寺庙不可分割的一部分而得以保留至今。由于游人一走进塔布笼寺,便会与蝙蝠、僵尸、吸血鬼产生联想,于是,这里自然而然地成为世界鬼片和惊悚片的首选外景地。

塔布笼寺内还有一座极为特殊的建筑物,形状如碉堡,又似一口枯井,取名"拍心塔"。只要站在塔里背靠墙壁,然后用手拍打自己的胸脯,整座建筑就会发出有节律的回声。据说这样可以拍去胸中的郁闷和不快。但是,也有人警告说,千万不要在太阳下山后去拍心塔,不然,你听到的只能是恶魔沉重的脚步声和孤魂野鬼的抽泣声。

令人震慑的"吴哥微笑"

此前并不了解"吴哥微笑"究竟是什么玩意儿,走进巴戎庙才恍然大悟,原来,"吴哥微笑"就是被高棉人刻在石头上的微笑,也称"高棉的微笑"。

巴戎庙位于吴哥通王城的正中央,又称巴杨庙和百茵庙。庙里共有49座四面佛,加上大吴哥城门上的5座,总计54座四面佛。据说,这是代表吴哥王朝当时统治的54个省份。

那天,我们是从南门进入吴哥城的。南门是五座城门中保存最完整的一座,高达20米的城门上雕着巨大的四面佛,眼睛

精致的女王宫

微启、嘴角上翘，神态十分平和与宽厚。据说，"吴哥微笑"代表着慈、悲、喜、舍四层意思。在四面佛正前方的两侧各有27尊雕像，左边眼帘低垂的为佛陀，右边怒目圆睁的是阿修罗，分别代表着人世间的善与恶，两者之间演绎着《乳海翻腾》的故事。也许，城门上的四面佛早已将善恶较量看成世间常态，要不怎会如此不屑一顾呢？

据专家考证，由于建造吴哥通王城的加亚华曼七世笃信佛教，这些微笑的面容应该是加亚华曼七世与佛陀尊容的融合体。而54尊四面佛的216张笑脸中，有一张脸笑得特别灿烂，这是依据加亚华曼七世的原貌雕琢而成。

尤其值得一提的是，吴哥遗址的大多神庙都是为印度教而建，唯有巴戎庙从一开始就为佛教而设。然而，由于吴哥王朝时期，柬埔寨正处于印度教和佛教的交替阶段，因此，巴戎庙内的许多石雕，内容上常有印度教和佛教并存的现象。这类现象在吴哥古迹的其他寺庙中也时有所见。

即便"吴哥微笑"听来让人感觉轻松和愉悦，然而，当你身临其境，面对烟熏火燎一般的石林中触手可及的一张张巨大的带着神秘微笑的面孔，你的心情也许更多的是凝重和震慑。

精雕细刻的女王宫

想象中的女王宫应该是充满王家气派的恢宏建筑，然而，眼前的女王宫却类似我国深圳"锦绣中华"里的微缩景观，小巧玲珑，堪称精致。

女王宫是整片吴哥遗址中最偏远的一处古迹，位于吴哥城东北约25公里处。女王宫又称"班得斯蕾寺"，建于公元967年，供奉印度教的湿婆神。由于这座神殿的规模较小、雕琢细腻，宛如出自女人之手，故称"女王宫"。而另一种传说则认为，这座神殿是由一名吴哥王朝的大臣所建，为了不冒犯国王，因此刻意缩小了建筑规模。女王宫的大门高不过150厘米，游人进入就必须弯腰躬行，从中不难看出设计者对神灵的膜拜和敬畏。

女王宫是一座面向东方的神殿，面积不大，神龛众多。内外围墙有三层之多，墙外还挖有护城河。真可谓麻雀虽小，五脏俱全。

建于十世纪的女王宫，充分展现了吴哥王朝匠人高超的造型能力和雕琢工艺。整座建筑采用红色火山岩，由于质地坚硬不易风化，才使得精致而又细腻的浮雕保存至今。女王宫有别于其他以突显权势和功绩为目的而建造的神庙，这里以独创的优雅风格，展现印度教的传奇神话之美。

虽说整片吴哥遗址中的建筑风格大同小异，印度教的神话传说也如出一辙，然而，与众不同的是女王宫通过生动的故事链接、精湛细腻的浮雕构件，交织出一幅幅柔美的画卷，不断向人们诉说着印度史诗中最精彩的片段。也许，前人借此留下印记，在过了若干世纪之后，后人依然能从无言的画卷中读懂一二，历史的不朽就在于此。

女王宮内的浮雕

女王宫对游人的贡献主要表现在它的雕刻艺术上,这是吴哥遗址中任何一座寺庙的雕刻都无法比拟的。从城门上的"湿婆之舞",到神龛上"黑天神"勇除暴君的事迹;从主庙上猴王杀死强敌巴林,到藏经阁上"诸神之王"降下甘霖、消除干旱的情形,故事惊心动魄、刻画细致入微,让在场的游人无不惊叹,千年之前的高棉文化竟能如此传神并直指人心。

我们看到,女王宫所有建筑的门楣、门框廊柱和山墙等,均被造型生动、结构严谨、线条优美的浮雕所覆盖,这种浮雕有点类似我国园林建筑中门窗上的花板,但图案比花板更繁复、更具有装饰效果。看来,女王宫被誉为"吴哥艺术之钻"是有一定道理的。

天空之镜

莎莎兰三天空之镜

吉隆坡城市一隅

说到天空之镜,自然而然联想到玻利维亚波托西省西部高原上的乌尤尼盐沼。这里终年雨量稀少,气候干燥,每当夏季的雨后,浅浅的雨水洒在平整板结的湖面上,宛如冰雪世界里的一面巨大镜子,反映着变幻莫测、美到窒息的蓝天白云、星辰宇宙和生命掠过的镜像。

除了玻利维亚的天空之镜,宫崎骏的《千与千寻》炒热了日本千叶县的江川海岸;据说在风平浪静的时候,只需站在海滩上随手一拍,满满的都是日本动漫天空之镜卡哇伊的风格。我国青海省的茶卡盐湖、澳大利亚墨尔本的蒂勒尔盐湖和马来西亚莎莎兰渔村,都是全世界旅行爱好者邂逅"你是谁"的打卡地。

马来西亚的天空之镜,其神奇之处不同于乌尤尼盐沼给人空天一体的视觉感受,而是在烟波浩渺的马六甲海峡的深蓝之下,隐藏着一片潮起潮落的神奇沙滩,取名"莎莎兰天空之镜"。这片沙滩距离雪兰莪州沿岸约十多海里处;每逢农历初一和十五的若干时段,潮汐退尽、滩涂裸露,整个过程三小时左右。

天蒙蒙亮,我们从吉隆坡市区出发,一个半小时后抵达莎莎兰渔村码头,然后换乘经过改装的双引擎快艇前往天空之镜。

快艇驶出弯弯曲曲的红树林后,在茫茫大海中风驰电掣,30分钟之后,前方出现了一个小岛,当地人称之为天鹅岛。这里盛产野生的蚝,周围海域多鲨鱼、魔鬼鱼和海豚。当我们妥妥地以为快艇径直奔海岛而去的时候,船老大在距该岛两三海里处突然拐弯向两点钟方向疾驰而去,搞得船上游客一头雾水。环顾四周除了渐行渐远的岛屿,便是一望无际的海域。

十几分钟后,引擎的转速慢慢减弱,随即"吭哧"一声,船身一阵抖动,原本翘得高高的船头顿时像斗败的公鸡,脑袋渐渐沉了下来,快艇停在了一望无际的大海中央。

陪同我们的领队兼摄影是一位瘦高个的华裔小伙,二十岁左右的模样,皮肤黝黑,稚气未脱的脸上流淌着腼腆的笑意。

"你们先别下来,我去帮你们占一块好地方。"小伙子说着就捧起一堆道具和两把花花绿绿的遮阳伞爬下了简易的舷梯。

举目远眺,眼前依然是汪洋一片,如果不是小伙子站在过膝的海水里,谁会知道这海水下方竟然隐藏着一片稀奇古怪的浅滩。

一转眼的工夫海水完全退却,一大片边缘模糊的沙滩裸露在大海的中央,据说其面积超过150个标准足球场。来不及逃生的海鲈鱼、乌贼、寄居蟹等海洋生物搁浅在沙滩上,引来了一大群白鹭悠闲地在沙滩上大快朵颐。

汪洋中的一片浅滩

原以为马来西亚的天空之镜应该与玻利维亚乌尤尼盐沼差不多,是一种自然形成的地貌特征和视觉效果,其实不然。由于盐沼和沙滩的物理属性不同,前者是盐的结晶,纯净洁白、光滑平整;而后者是由海浪冲刷而成的沙滩,颜色灰暗,表面大多坑坑洼洼,很难产生镜面效果。事实也是如此,整个沙滩貌似平整,其实布满蚯蚓状的隆起,有点像被雾气笼罩的镜面,反射出来的镜像模糊不清。

"你这是在做什么?"小伙子弓着身子用类似雨刮器一样的东西在沙滩上捯饬,我不解地问。

"平整一下。"他朝我笑笑,欲言又止。

环顾四周,争先恐后奔突而来的十几艘快艇的领队都在做同样一件事,蹲下身子用塑料工具在沙滩上刨出一个个平整的低洼,然后注入海水,形成一个浅显的小水洼,左右和后方用

镜像

木板围成凹字形,以遮挡阳光的直接射入。

我一下子明白过来了,马来西亚的天空之镜不是自然形成的物理状态,而是依据聪明脑袋和灵巧手法的后天再造。

忽然想起电影《古墓丽影》中的一个桥段,柬埔寨当地的人们划着小渔船在波涛汹涌的江面上来回穿梭,背景是小吴哥五个硕大的"玉米棒子"在宽阔的水面形成完整的倒影,场景壮丽、气势恢宏。

若干年前终于逮着机会去了柬埔寨吴哥窟,但是,我在小吴哥的正前方并未看见影片中的大江大河;取而代之的是一汪开着莲花的小池塘。鬼才导演西蒙·韦斯特就是采用近距离低仰角的拍摄手法骗过了全世界的观众。

如今这一简单实用的拍摄技巧被运用到马六甲海峡的这片沙滩上,造就了马来西亚"莎莎兰天空之镜"。

话要说回来,即便莎莎兰天空之镜是"人工智能"的产物,但是,能够站在马六甲海峡浩瀚无垠的大海之中的这片神奇的浅滩,也算是一次不俗的旅行体验。

此刻的沙滩上,满目都是穿着花花绿绿的游客,尤其是年轻的女孩们兴高采烈地在摄影师的指导下摆出各种有趣的姿态——远处是碧海蓝天白云,近处是融美丽心情和缤纷色彩为一体的镜像。小伙子趴在沙滩上把手机镜头压低到几乎触及水面的位置,并按动连拍功能。于是,一张张被外人解读为美到窒息的天空之镜就这样出笼了……

然而,这样的照片注定是有硬伤的。它的拍摄角度十分有限,拍出来的照片大同小异,如果采用平视或者俯视的拍摄角度根本出不了天空之镜的画面效果,这跟乌尤尼盐沼随手拍的摄影体验是有着天壤之别的。

两个小时之后,意犹未尽的游客纷纷踏上了归程,来势迅猛的海浪就像一位十分抱歉的家长,一把将闯了祸的孩子拽回到大海深处。

西湖初雪

俯瞰白堤和断桥

对于长期笼罩在暖冬气象条件下的江南地区而言，白雪皑皑的场景始终是矜持而又谜一样的存在。即便往年也下过几场雪，都是稀稀落落欲言又止的那种。今年不同了，似乎天公开眼，这场如约而至的雪下得超乎寻常的稠密。当人们从睡梦中醒来，映入眼帘的是一场久违了的禅一样的雪景。

我们下榻的是杭州满觉陇附近的一家民宿，坐落在半山腰上，视野相当开阔。大清早，拉开窗帘，满眼都是洁白而又纯净的物事，楼下花园里的桌子椅子和花花草草已经被厚厚的白雪包裹得严严实实，就像格林童话《白雪公主和七个小矮人》中的场景，什么物事都是胖鼓鼓的，没有一点锐角。尤其是远方起伏的山峦，昨天还是一幅青黄相间的山水图卷，过了一晚就成了"寒江独钓"的绝佳场景。于是，杭州人也莫名惊诧了："好大的一场雪啊！"

虽说民宿的服务可圈可点，但是，睡在隔壁的孩子半夜里哭闹不止，搞得我们一夜无眠。原本准备住两宿的，结果被折腾了一晚便逃之夭夭了。

从山上下来，车子沿着满觉陇路往北山路的方向行驶，两旁的雪景简直美不胜收，除了地面和建筑物上厚厚的积雪之外，更加惊艳的是高低错落的植物上挂满了晶莹剔透的冰凌。尤其是虎跑周边地区的云杉，高高耸起、茫茫一片；冷不丁还以为走进了林海雪原。只是天公不作美，淅淅沥沥地下起雨来，树上的积雪也随之大片大片地往下掉……

杭州的地域不大，从满觉陇路到北山路的新新饭店不过20分钟的车程。但是，20分钟的时间足以重塑自然景观和影响人们的心理预期。从民宿出来，眼前是一派冰清玉洁的澄澈景象，仿佛置身于水晶宫一般；到了北山路就变成了天地混沌的灰白世界。从新新饭店的楼上眺望对面的孤山和白堤，左边是花花绿绿的雨伞把白堤装扮成了一条流动的缎带；右边是寒波环绕的孤峙之岛。

西湖的美与惊艳无关。水光潋滟、山色空蒙，无论阴晴雨雪，都能变幻成景；是一种根植于传统文化、根植于人文情怀的自然之美；西湖的美更是一段流淌在文人墨客笔端的描摹，倚重于小家碧玉般的柔美气质。

杭州自秦朝设县治以来已有2200多年的历史，这里曾经是吴越国和南宋的都城，素有"人间天堂"的美誉。西湖文化、良渚文化、丝绸文化和茶文化，以及广为流传的民间故事和美丽传说构成杭州这座城市的文化名片。

对于久居城市的游人而言，杭州这场铺天盖地的大雪，绕不过去的一定是"断桥残雪"的情结。从新新饭店走到孤山，再从孤山沿着白堤走到断桥也就2000多米的路程。可这2000多米的路程并不好走，虽说雨势渐小，但地上依然是湿滑的，走起路来深一脚浅一脚的，活脱脱一副企鹅的架势。只有毫无顾忌的孩子在雪地里打滚撒欢，玩得不亦乐乎。

孤山是西湖中最大的岛屿，面积不大，古迹颇多；放鹤亭、林和靖墓、西泠印社、秋瑾墓、苏曼殊墓、半壁亭等错

西湖初雪

孤山雪景

落分布，自成一景。孤山的景色早在唐宋已闻名遐迩，白居易有"孤山寺北贾亭西，水面初平云脚低"的佳句；宋代隐居诗人林和靖"梅妻鹤子"的故事一直流传至今。

　　孤山的雪景是引人入胜的，即便远眺孤山是一片轻纱笼罩、肆意决绝的映象，但是，当你走进孤山，脚下流淌的却是洁白柔软、诗意弥漫的冬日里初雪的印记。尤其是在放鹤亭周边踏雪赏梅，分明就是一种久违了的轻松和惬意。檀香梅、蜡梅、朱砂梅、绿萼梅在皑皑白雪的映衬下次第绽放，有疏朗俊俏孤芳自赏的，更多的则是一片一片地簇拥在一起，犹如天上不经意间飘来的云，五彩纷呈、赏心悦目。站在西泠印社的台阶，远处是道骨仙风的保俶塔，眼前是"留

雪中的宝石山

得残荷听雨声"的最佳出处；一群鸳鸯旁若无人地相互追逐嬉戏，把原本平静的水面划出了一池褶皱……

虽说那天不是我国传统意义上的小长假，但断桥上的游客还是络绎不绝，厚厚的积雪早已被热情的游人踩得所剩无几。然而，站在宝石山上眺望西湖全景，白堤横亘在外湖和北里湖之间，断桥的石拱桥面和湖面上的倒影刚好形成一个满月，映衬在远山近水之间；远处隐隐约约的雷峰塔反而成了烘托断桥的背景。

西湖的雪景简直就是冰雪奇观，美到彻骨、美到极致、美到目瞪口呆。忽然想起许嵩"大雪初霁白堤淡，清幽一抹笔断痕"的唱词，与眼前美轮美奂的西湖景致是多么吻合。西湖初雪，俨然是一场人与自然的美好邂逅。

上帝的餐桌

桌山的缆车

搭乘卡塔尔航空波音777，从浦东国际机场经多哈转机后飞往南非开普敦，单程需要20多个小时，这注定是一场艰苦的旅程。

"妈妈，我的鞋子太小了。"

前排座位上的小女孩由于坐的时间太久，两只脚已经有些肿胀。于是，她妈妈把座位中间的扶手掰起来，让小女孩的两只脚搁在自己的膝盖上轻轻地揉搓。

其实，经过长途飞行，每个人的身体都会出现一些症状，主要表现在腿部的血液循环上。最好的方法就是过一段时间站起来在过道上走动走动，这样就能避免因腿部血流不畅而引起的栓塞现象。

当地时间17点40分，飞机终于平稳地降落在南非开普敦国际机场，早已坐得不耐烦的乘客终于长舒了一口气。

当我们抵达下榻的酒店时，已经夜深人静、人困马乏了……

午夜刚过，忽然被震耳欲聋的打击乐和吹奏乐吵醒，拉开窗帘往下一看，黑漆漆的马路上人满为患。以黑人为主的男女老少穿着盛装载歌载舞，黑骑士、乞丐、小丑、披头士、机器人应有尽有。警方出动警车把道路两头堵得死死的，任由密密麻麻的人群在酒店门前吹吹打打，搅得住店客人和沿街居民一刻不得安宁。后来一打听，原来是南非在"非洲足球联赛"中取得了不俗的成绩，当地大大小小的黑人社团一窝蜂地走上街头搞庆祝游行。

好望角坐标

都说旅游是一档花钱买罪受的买卖，这话不是没有道理的。晚上没有睡踏实，一早又被导游催促着赶往桌山脚下，原因是我们要赶在人多拥挤之前登上桌山。

桌山是开普敦的地标，海拔1087米，因其主峰山顶形似巨大的长方形桌子而得名，当地人称之为"上帝的餐桌"。该山从南端的海角向北延伸构成桌形山脉，主峰右侧是狮头山和信号山，左边则是魔鬼峰。它们就像桌山伸出的两只臂膀，紧紧地将开普敦城区和美丽的海湾峡谷揽入怀中，桌山前面的海湾也因此得名"桌湾"。

每逢夏季，裹挟着大量水汽的东南风突然被桌山阻挡后迅

桌山环抱下的开普敦

速上升，在山顶冷空气的作用下，凝结为翻卷升腾的云团，然后就像厚厚的丝绒桌布将桌山自半山腰以上齐刷刷地覆盖起来，气势磅礴、蔚为壮观；桌山山脉挡住了大西洋的寒流，也为开普敦创造了温暖湿润的小气候。

其实，世界上类似一刀切的平顶山还有多处：在巴西、委内瑞拉和圭亚那三国交界处的罗赖马山，我国四川盆地西沿位于眉山市洪雅县境内的瓦屋山，以及眼前这座南非开普敦的桌山，以开普敦桌山最为有名。

我们下榻的酒店就位于桌山的对面。清晨，推开窗户，滚滚的云团翻山而过，在桌山的顶部奔涌飘荡，形成乱云飞渡的奇幻景象。远远望去，桌山就像被覆盖上了一层厚厚的棉被，时而滚作一团，时而化

大西洋和印度洋的交汇处

作绫罗，绕着桌山平顶飘忽来又飘忽去。

我们乘缆车进入 1087 米高的桌山，虽然山上不见水源，但植被却长得郁郁葱葱、十分茂盛，植物的种类也相当丰富，堪称世界植物基因库。山上不知名的鸟类多得出奇，而且一点不避游客；尤其是豚鼠、岩兔、蜥蜴之类的小动物相互追逐、到处乱窜，生物多样性在这里得到了充分的体现。

忽然听到一个小女孩的叫声，回头一看，原来就是昨天飞机上坐在前排的那个小女孩。手上拿着酒店自助餐吃剩的小蛋糕，身旁有两只豚鼠直着身子紧盯着她手上的蛋糕，吓得小女孩直往妈妈的背后躲……

站在桌山上，视线掠过开普敦城区，就能看到镶嵌在南大西洋海湾的一座岛屿，这就是罗本岛，这里因关押黑人领袖曼德拉而闻名。

据记载，从十七世纪开始，罗本岛就成为殖民者关押当地反抗运动首领的地方。1960 年之前，这里曾是英国犯人和麻风病人的流放地和隔离所，所以罗本岛还背着"死亡之岛"的恶名。此后，该岛成为南非当局关押政治犯的监狱。1964 年，黑人领袖曼德拉便开始在罗本岛上服刑，1982 年被转移到波尔斯摩尔监狱。1997 年开始，罗本岛正式成为向公众开放的博物馆和旅游景点。据说，拍一张"吃牢饭"的照片，已经成为到此一游的海外游客的标配。

下午，我们来到桌湾对面的沙滩，这里是冲浪爱好者云集的地方，浅滩之处也是孩子们嬉戏和垒沙堆的场所。从这里远

桌山远景

眺桌山又是另外一番景象,原本被揽入桌湾怀抱里的开普敦城区变得遥远而渺小,只有高大的桌山横亘在南大西洋和南非大陆连接的一隅。此时的桌山在蓝天白云的映衬下,显得格外宁静而庄重。桌山既是南非的一位历史老人,也是南非人民引以为傲的"上帝的餐桌"。

走进撒哈拉

埃及博物馆

埃及是地球上四大文明古国之一，其考古发现屡屡震惊世界。1963年，由伊丽莎白·泰勒和理查德·伯顿主演的《埃及艳后》以史诗般的恢宏气势重现了一段古罗马时代波澜壮阔的历史；1978年，导演约翰·古勒米将英国侦探推理小说女王阿加莎·克里斯蒂的同名小说《尼罗河上的惨案》搬上银幕，一时间，金字塔、狮身人面像、法老、木乃伊成了全球旅行者和探险家心头挥之不去的迷雾，也使得故事发生地埃及一举成为全世界最受欢迎的旅游目的地。

埃及地处北纬30度、撒哈拉沙漠东沿，属热带沙漠气候，年均降水量不足200毫米。当我国大部分地区覆盖上厚厚一层积雪的时候，埃及的午后已是光照耀眼、暑气逼人了。

睡眼惺忪的开罗

早就听说开罗的城市环境比较糟糕，然而，现实永远比你想象的更加触目惊心。从机场出来，汽车沿着新城区向老城区方向疾驶，当过了第一座石桥，开罗这座尼罗河畔历史名城的岁月沧桑便渐渐显露。此时的开罗犹如一个酣然入眠的迟暮老妇，头枕尼罗河、脚踹苏伊士；新开罗犹如柔软的袍，老开罗则是荒凉的额。这里是她笑看波斯帝国崛起的地方，这里是古埃及文明的象征，这里有建在地球大陆重力中心的金字塔群和至今无法破译的狮身人面像之谜，这里就是神秘而充满恐怖传说的北纬30度……

汽车进入老城区，犹如一头扎进了莽莽大漠，拥挤不堪的建筑物和大片大片酷似民居的墓地错落在一起，让外人很难辨别哪些是民居哪些是鬼屋。这里被当地人称为"死亡之城"。开罗的老城区似乎没有规划，建筑物大多挨得很近，从一栋楼探出身子就能爬到另一栋楼去，远远望去，到处都是"一线天"。

更不可思议的是，成排成排的建筑物基本都是半拉子工程，高楼不封顶、外立面不粉刷，钢筋和蜂窝砖悉数裸露，在扬尘的作用下，建筑物陈旧斑驳、土黄一片。比起当年我国海南的烂尾楼有过之而无不及。由于开罗终年干旱，大街小巷基本不设下水道，生活污水和垃圾满街皆是。微风过处，五颜六色的现代垃圾漫天飞舞。

"咦，还有这么脏的地方呀？"车上一名游客惊呼起来。

巴士行驶在高架道路上，原本两车道的路面，被两旁堆积的垃圾挤成了一车道，情形类似扫雪车清扫过的路面，两旁留下厚厚的堆积物。

负责我们此行的埃及地陪穆罕默德·赛法克给自己起了个中文艺名叫西门大官人，他对自己遗传了八分之一的意大利血统感到十分自豪。穆罕默德是个30岁的小伙，个头高大，眼窝深陷，满脸络腮胡子，讲一口流利的汉语。自诩对《水浒传》和《三国演义》颇有心得，因此，他周围的同行不是取名武二就是绰号张飞，目的不外乎取悦中国游客。

"开罗是埃及脏乱差的代表。因为，埃及有8000万人口，开罗就占了2200万，人口太多啦……"穆罕默德说，"开罗的城市形态有几个与众不同的地方,十字路口基本没有红绿灯,满大街跑的都是二手车,公交车从来不关门,爱上上爱下下……"

"你们看看这马路上,汽车、马车、驴车、手推车,什么都有。"穆罕默德不无调侃地说,"这里的人可以随便过马路,随便停车,随便开车,在开罗,什么都随便!"

说着说着,一辆双轮摩托载着五个人从我们乘坐的巴士前呼啸而过。

忽然,车厢里一阵骚动,原来平行的一辆产自俄罗斯的拉达轿车内塞了九个人,两个男孩头顶后厢盖拼命朝我们挥着手。

"太不可思议了吧?你们不远万里来到埃及,是来看金字塔、狮身人面像和古埃及文明的,"穆罕默德说,"现代文明离我们很远……"

巴士停在离埃及博物馆百米距离的地方,没等车门打开,几个小贩就围了上来。我忽然看到一个衣衫褴褛、睡眼惺忪的小男孩从街边的长凳上爬起来,一边用袖口擦拭着嘴角,一边挥舞着手中的明信片,"one dollar, one dollar!"地快步向我们走来。

阅读图坦卡门

埃及博物馆收藏了5000年前古埃及法老时代至公元六世纪的历史文物30多万件,其中大部分展品的年代都超过3000年。

苏伊士运河

这里珍藏着无数奇珍异宝,尤其从图坦卡门的陵墓中发掘出来的大量随葬品更是震惊世界。来到埃及,参观金字塔、狮身人面像固然重要,但是,走进埃及博物馆比前者更为重要。人们把金字塔、狮身人面像比作古埃及文明史的封面,而把丰富的馆藏比作书的内页是不无道理的。

穆罕默德说:"图坦卡门的陵墓能得以完整保存下来,取决于两个因素。其一,图坦卡门的陵墓建于拉美西斯六世的陵墓之下,盗墓贼不曾想到在他们盗掘的陵墓下面居然还有一个地下室;其二,'法老咒语'让盗墓贼望而却步,生怕掘了他人祖坟、丢了自己性命。"

"法老咒语"盛行于上世纪二十年代：由图坦卡门墓志铭上的十个无序字列构成，后经语言学家破译整理后组成"谁要是干扰了法老的安宁，死亡就会降临到他的头上"的句子。

1922年，英国考古学家霍华德·卡特及其同伴进入帝王谷图坦卡门的墓穴，不久，卡特意外死亡。此后，与图坦卡门陵墓发掘工作相关的21名工作人员先后死去。于是，"法老咒语"便与爱尔兰作家布莱姆·斯托克的《德古拉》，双双成为超越半个世纪最耸人听闻的神鬼故事。尤其是好莱坞电影的推波助澜，让"法老咒语"的传说变得更加邪乎。

走进二楼图坦卡门的展厅，人形金棺、黄金面具和金箔御座等文物共1700余件，不少展品曾经相识于各类图书、杂志和国家地理频道。能够如此近距离接触古埃及历史遗珍，不能不说是人生的一次值得骄傲的体验。

"真的还是假的？好像刚从河南空运过来的……"

"哪能可能！嘎巴！"

来自上海的一对夫妇的对话引起周围一片笑声。

"埃及博物馆里展示的所有文物都是真的，只有门口的罗塞塔石碑是假的。"穆罕默德说，"这里不能拍照，一旦抓住罚款两千埃镑……"

然而，2011年1月28日晚上，一伙不明身份的人闯入埃及博物馆，部分文物被偷被砸，两具木乃伊的脑袋被拧掉。事后埃及博物馆馆长扎希·哈瓦斯在接受采访时表示，疑犯没有盗走任何一件文物，受损的文物只是复制品。一语道破天机，原来埃及博物馆展出的文物大多为现代仿品，与穆罕默德的说辞有很大出入。

换句话说，承载着人类文明的艺术品大多被放在了博物馆的地下仓库里，而我们只是跟它们的替身打个照面。虽说这是世界上许多博物馆的通行做法，但是，对于不远万里慕名而来的膜拜者来说，无疑是一次带有明显瑕疵的文化探寻之旅，其感受犹如在国内看一场真伪互现的艺术品拍卖预展。

据记载，图坦卡门的金棺重达110.9公斤，纯金面具也有10.23公斤，是人类历史上最精致、最奢华的随葬品。年轻的图坦卡门是埃及第十八王朝的法老，他9岁隆重登场，18岁黯然谢幕，比中国清朝的短命皇帝同治还早死一年。然而，在古埃及灿若星河的历史长河中，年轻的图坦卡门法老并不为人们所知晓。真正让他拨开历史迷雾、走出安息之所的还是在公元1922年那场考古兼盗墓之后。

考古人员自发现图坦卡门木乃伊以来，一直试图解开他的死亡之谜。很长一段时间里，死于谋杀、被马踢死、罹患败血症等猜测一直左右着学界。

随着科学进步，经过CT扫描显示，图坦卡门生前疾病缠身、脊柱严重弯曲、左脚畸形、右脚缺趾，而且膝盖骨折；DNA检测结果也显示，图坦卡门患有多种遗传性疾病，死因系罹患疟疾和骨折后的并发症。图坦卡门的祖父是阿蒙霍特普法老三世，父亲是埃赫那顿法老，母亲与父亲是嫡亲兄妹。图坦

卡门也娶了他同父异母的姐姐,结果导致一对双胞胎女儿夭折。

当我们真正目睹图坦卡门的尊容,还是两天后在卢克索的地下陵墓里。

木乃伊归来

忽然从二层西南角传来孩子的尖叫声,一个十来岁的当地小女孩从母亲的手中挣脱出来,径直朝楼下跑去。原来小女孩不知道木乃伊为何物,当看到周围一大堆龇牙咧嘴的先人时被吓到了……

埃及金字塔群

  据说,木乃伊是埃及博物馆展品中最吸引人的一大门类,从飞禽走兽到埃及眼镜蛇;从尼罗鳄到巨型鲈鱼,从灵长类动物到猫狗一类家养宠物,都能在博物馆里找到它们不朽的身影。尤其是馆藏的52具历代法老、后妃、祭司和孩子们的木乃伊,更是聚焦了世界考古界的目光。如果说,刚才我们还在为图坦卡门的墓葬品的真伪心存疑惑,那么木乃伊的真实性是毋庸置疑的。

  古埃及制作动物木乃伊始于公元前3000年,公元前650年至公元200年达到巅峰状态。许多动物被饲养后用于制作木乃伊,为传说中的天神提供祭品,其用途与如今教堂里点亮的蜡

哈特谢普苏特神庙

烛有些相似。古埃及人把不同的动物以象征性的手法制作成供奉天神的图腾。比如朱鹭和狒狒木乃伊象征月亮神；猛禽木乃伊象征太阳神，而猫则象征保护女神贝丝蒂。

我仔细端详起身旁一只猴子木乃伊，只见它两只前爪放在膝盖上，端坐在白色座垫上，一条长长的尾巴与前爪捆绑在一起，脑袋微微向右低垂，就像刚刚受到责备的孩子，流露出满脸的不高兴，想必被人搞成现在这模样也不是它的意愿。然而，这只栩栩如生的猴子已经在墓穴里一坐4000年了。

"哎哟！这么大的鳄鱼，足以吞下一个成年人……"

我循声望去，一条六米多长的巨型鳄鱼木乃伊趴在玻璃橱柜内，整条鳄鱼呈皮革状，眼睛微启、牙齿裸露、四爪向后呈划水状，似乎正在尼罗河上快速向猎物靠近，看上去凶猛依旧。史料记载，古埃及人曾经把几千条鳄鱼做成木乃伊，而后将它们作为献给鳄鱼神索贝克的祭品。

据了解，埃及进入第四王朝时已经发明了尸体防腐技术。古埃及人将死者的大脑、内脏等部分掏出，再将腹腔清洗干净后填上天然碱，然后裹上亚麻布。死者的胃、肠、肺和肝脏被分别保存在四个罐子中，并由鹰头人身的法老守护神荷鲁斯的四个儿子分别保管。动物也是如此，只要有象征意义都会被做成木乃伊，以作为供奉神灵的祭品。古埃及人认为，众神可以通过这些动物载体来到尘世。

但是，话也要说回来，走进木乃伊陈列室确实需要一点勇气，这里不但气氛诡异，而且环境十分可怖，空气中时不时飘过淡淡的酸性气体。原本不大的陈列室安放了十几具犹如烟熏火燎后的干尸。有些木乃伊差不多只剩骷髅了，还冲着你莫名其妙地微笑。

此时的哈特谢普苏特女王躺在特制的玻璃柜里，脖子上缠着凌乱的麻布，像是庆幸自己躲过了一场劫难，疲惫地倒在床上便沉沉睡去；但见她眼窝深陷、双眼紧闭，鼻尖下陷、脑袋上寸草不生。空气中已经闻不到曾经沁人心脾的没药的芳香，却多了些许只有死亡过道里才有的味道。哈特谢普苏特女王的昔日风采荡然无存，唯有符合其家族遗传特征的"天包地"的嘴唇依然露出不屑一顾的微笑。

相比之下，拉美西斯二世的木乃伊就保存比较良好，但是，一张极度狰狞的脸和一段超长褶皱的脖子确实有点瘆人，难怪一些游客没等站稳就逃了出去。

拉美西斯二世在位期间发动了一系列军事扩张，并大修神庙，包括阿布辛贝神庙。他在位 67 年，寿命超过 90 岁，是古埃及杰出的政治家和军事家。当我看到一生南征北战、功勋卓著的拉美西斯二世原本伟岸的身躯，如今变成一副瘦小干枯的皮囊，不由让人唏嘘不已，感慨历史沧桑和岁月无情。

其实，学界对此举也有不同看法："木乃伊的价值在于科学研究，而不是用于商业化展示，这样做对死者很不尊重，也容易对非专业人士造成心理创伤……"

女王与她的神殿

两天以后，我们从塞法杰驱车 230 公里前往卢克索，据说埃及博物馆的馆藏文物基本来自卢克索的地下陵墓，图坦卡门的木乃伊就躺在卢克索帝王谷的 KV62 号墓里。但是，今天我们要走进古埃及第一位女法老哈特谢普苏特女王建造的神庙。

哈特谢普苏特女王以太阳神之女自称，公元前 1503 年至公元前1482年在位。其丈夫死后,她作为太后,为年幼的继子图特摩斯三世处理朝政,后篡权自立为王。为了向世人证明她与太阳神的亲密关系,在建造神庙时,她刻意在石碑顶端放置许多金盘来反射太阳的光芒。

据史料记载,哈特谢普苏特是开创古埃及一代盛世的第十八王朝法老,也是图特摩斯一世与王后的唯一孩子。她从小聪明伶俐、深谙权术,常以自己是法老唯一的正统继承人为荣,梦想有朝一日统治强盛的埃及。扮男装、戴胡须、执权杖是哈特谢普苏特的公众形象。

三层结构的哈特谢普苏特神庙位于帝王谷的东侧、尼罗河西岸的山岙底部,面向谷地、背靠悬崖,规模浩大、气势恢宏。神庙每一层的前廊都横向支撑着29根方方正正的石柱,中间一条数十米长的坡道将前后建筑紧紧相连。虽经3500年的自然侵蚀,主体结构依然保存完整,廊柱和走廊墙体上的彩色浮雕清晰可辨。就建筑设计而言,完全符合简洁明快的现代审美诸多元素。

由于哈特谢普苏特女王神庙的名字念起来比较拗口,与金字塔、狮身人面像相比不太容易被人记住,但是,一场针对游客的恐怖袭击,让该庙的名字一夜之间为世界所熟知:1997年11月17日上午10时,六名恐怖分子端着冲锋枪在该庙的入口处向游客疯狂扫射,造成六十多名游客死亡、二十多人受伤。

枪击事件无疑给景点做了一次全球性的免费"广告"。惨剧平息之后,哈特谢普苏特神庙游人如潮,许多人来到这个地方

尼罗河日落

后才惊异地发现，建筑本身展示在人们面前的那种摄人心魄的气势简直无与伦比。这也是哈特谢普苏特执政期间，为古埃及带来长时间的繁荣和建造众多超乎想象的宏伟建筑的例证。

穆罕默德说："若干年前，考古学家在尼罗河西岸发现的皇家木乃伊中，没有一具属于哈特谢普苏特。自从埃及寻找木乃伊计划实施后，科学家才把搜索目标锁定在帝王谷一座编号为KV60的小型墓葬里的两具木乃伊中的一具。经过现场捡到的一颗牙齿和女王口中缺失的牙齿比对，并通过现代技术对牙齿的扫描和DNA检测，女王的身份才得以确认。"

也就是两天前我们在埃及博物馆看到的那具疲惫不堪却面露微笑的女尸，一旁的铭牌用阿拉伯语和英语标注着："她就是哈特谢普苏特女王陛下。"

这个了不起的女人，在古代男权社会里独树一帜，并在卢克索的地下洞穴里孤独地沉睡了3500多年，所有对她的功过评说，飘过她的耳边，又在烟云中消散。她是古埃及特立独行、美貌惊艳的哈特谢普苏特法老，她才是真正的"埃及艳后"。

今天的尼罗河西岸矗立着一座跨越3500年的巨大建筑，里面的象形文字和彩色浮雕向后人叙述着女法老哈特谢普苏特美丽而传奇的故事。

夕阳下的尼罗河

从《埃及艳后》的故事发生地亚历山大到"和平之城"沙

姆沙伊赫，从卢克索的帝王谷到开罗的狮身人面像，从埃及的希腊罗马城堡到卡尔奈克庙宇群……尼罗河两岸有着超过7000年人类活动的痕迹；就如同幼发拉底河、恒河、黄河一样，都是人类文明的发源地。今天的埃及，法老文化和古建筑遗址遍布尼罗河两岸，当来自世界各地的游客还在揣测金字塔的堆砌是否凭借"上帝之手"的时候，现代文明的旅游项目便接踵而至。旅游业已成为埃及仅次于苏伊士运河的第二大经济来源。

然而，近年来埃及国内政治动荡，针对外国游客的绑架、枪杀、爆炸和敲诈勒索事件时有发生。再加上旅游景区管理混乱，安全事故层出不穷。2013年2月26日，卢克索发生热气球爆炸坠落事故，造成十九人遇难；3月2日，一辆小型旅游客车在前往阿布辛贝神庙途中侧翻，造成一死十三伤。2012年1月28日，一名法国游客在沙姆沙伊赫遭枪击身亡、另一名德国游客受伤；12月3日，五名德国人和三名埃及人在前往红海度假胜地的交通事故中死亡。2011年1月31日至2月3日，埃及政治动荡导致城市运营瘫痪，中国政府派出八架飞机，接回游客1848人……

其实，自1997年卢克索恐怖袭击事件发生之后，埃及旅游业就遭受重挫。为了重拾游客信心，埃及政府加强了旅游警察的部署。今天，无论你走到哪里，不但能看到荷枪实弹的军警，而且，遍布大街小巷的坦克和装甲车也让游客隐约感到安全背后的不祥征兆。

我们的巴士从开罗前往沙姆沙伊赫，行程590公里，原定行驶时间约六小时，结果花了将近九个小时。原因是在穿越这一恐怖区域时，不但遭遇哨卡盘查，而且，负责警戒和开道的武装警察做祷告去了。

在埃及，旅游警察还乐于充当"导游"，但这种"热情"是需要游客支付小费的。穆罕默德说："埃及警察收入很低，平时靠游客支付小费来贴补家用。"

然而，在金字塔、狮身人面像等著名景点，当地人强买强卖、敲诈勒索已成常态。埃及旅游业沉疴泛起，几乎所有景点都被小贩包围，在这里与当地人合影，需要支付30美元；如果拍了他的马或者骆驼，也必须支付费用。

"金字塔周边的骆驼千万不能骑，上去容易下来难。"穆罕默德事先再三告诫，"在这里，上骆驼可能只收一美元，但是，下骆驼就会让你再掏50美元。"

"导游，拍照的小孩敲了我30美元和50埃镑；否则，就不还我的照相机！"

来自同济大学的一对夫妇想拍一张攀爬金字塔的照片，结果也被当地人索要钱财。如果不给，他就始终挡在你照相机镜头前……

哎！积聚了4500年的历史人文气息，竟然被浓烈的商业氛围冲刷得荡然无存，也使得原本脆弱的埃及旅游业更加雪上加霜。

……

从法老时代、希腊时代、罗马时代、伊斯兰时代，到法国

卢克索神庙遗址

入侵、英国殖民,再到1952年独立,埃及的历史就像一部厚重的教科书,在军事、艺术、文学和流行文化方面留下了丰富的遗产。看着夕阳西下的尼罗河,浩浩荡荡、一往无前,我忽然明白,尼罗河把埃及分割为东西两岸,西岸的日落代表着古埃及法老的往生之旅。

  原来死也能如此极致,如此壮美!

耶路撒冷

犹太人的古老墓园

圣殿山上的圣石

耶路撒冷是一座历史悠久的古老城市,位于巴勒斯坦中部的犹地亚山,介于地中海与死海之间,面积126平方公里,是犹太教、基督教和伊斯兰教的圣地。

站在橄榄山上,耶路撒冷老城区的城市风貌尽收眼底,掠过客西马尼万国教堂、圣玛丽神女教堂、多米内斯·弗列维特礼拜堂和彼德·涅斯特教堂。远处金顶清真寺和阿克萨清真寺巍然屹立,成为耶路撒冷最美的一道风景线。橄榄山上虽然遍布基督教的圣迹,但是,这里也是几百年来埋葬犹太人的古老墓园,对于犹太民族而言,橄榄山无疑是一片神圣之地。

那天刚好遇见犹太人的安葬仪式，清一色的黑衣黑帽黑纱巾，仪式由犹太拉比做祈祷开始，之后人们开始往墓穴中填土。犹太人重视肉身下葬，认为人既然赤条条地来，也应该赤条条地去。他们信奉上帝、相信灵魂永存。因此，安葬现场平静而有序，没有依依不舍的留恋，更没有悲天悯地的呼号，这也许跟犹太民族数千年秉持的坚定信念和坚韧不拔的性格养成相关。

犹太民族是一个苦难深重、不屈不挠的民族。橄榄山下这座有着4000多年历史的耶路撒冷老城，到处镌刻着征战和兴亡的印记，镌刻着犹太民族凤凰涅槃、死而后生的斑斑血泪史。在长达2000多年的血雨腥风中，犹太人流离失所、浪迹天涯、几经屠戮。从亚述人、马其顿人、巴比伦人，到波斯人、希腊人；从罗马大军攻破耶路撒冷对犹太民族进行的大流放，到二战时期希特勒的集中营和毒气室……犹太民族这个"上帝的选民"，承受了让人无法想象的深重而又漫长的苦难。

犹太人既是苦难深重的民族，也是世界上最优秀的民族之一，为世界文明史作出了卓越的贡献，在经济、科技、思想、文化、教育等各个领域中都有举足轻重的地位。

二战时期，当时的民国政府庇护了逃亡上海、躲避希特勒追杀的两万多名犹太难民。二战结束后，他们大多回国参加了以色列建国，后多为政府部门工作。在我国经济建设和工业、农业以及军事技术方面给予了很多帮助。

2011年10月，以色列用1027名巴勒斯坦囚犯换回被俘的士兵沙利特，该换俘协议先由总理沙龙提请内阁表决通过，然

哭墙和金顶清真寺

后经议会投票批准，最后由最高法院裁决准许。为了一个普通士兵的生命，以色列不惜动用国家机器并释放千余名囚犯……若干年前，我国福建两偷渡客在以色列国内的一次恐袭中死亡，以色列政府明知他们是偷渡客，但从人道主义角度出发，依然由政府不远万里派人到中国福建寻找死者家属，并进行了赔偿。
……

那天，我们从埃及入境以色列，在以色列的进关窗口，我们挨个递上护照等待签证。然而，以色列边防签证官并未在护照上加盖入关印章，而是在另纸上加注了蓝色的入关签证。然后叮嘱我们这张纸很重要，千万不能遗失。我当时有些困惑，问签证官为什么不在护照上盖章。他没有回答，只是微微一笑。后来我才了解到，假如在我们的护照上留下以色列的签证，以后就很难进入阿拉伯国家了，尤其是以色列周边的国家。以色列采用另纸签证，就是为了不给外国游客日后出行造成麻烦。这种审时度势、人性化的举措不免让人心生敬意。

进入耶路撒冷千年古城，犹太民族的真诚与友善无处不在。从苦路到哭墙，从圣殿山到犹太人聚集区，满大街都能看到荷枪实弹的以色列士兵，这些士兵都很年轻，有些还稚气未脱。他们全然没有那种凛然不可侵犯的傲慢态度，而是彬彬有礼、和蔼可亲。很多游客想跟他们合影，他们也是来者不拒、竭尽所能。当得知我们来自上海，那种亲近程度犹如街坊邻居久别重逢。

站在弹痕累累的耶路撒冷老城墙的一隅，中东战争的场景仿佛就在眼前……战争使得数十万阿拉伯平民沦为难民,成为中东局势至今无法弥合的痛点。

橄榄山上西风东渐,丝丝细雨如雾如烟;远处层层叠叠的乌云在波谲云诡的天象和落日余晖的助推下,快速向耶路撒冷的上空奔腾而来,预示着一场滂沱大雨即将来临,耶路撒冷这座饱经沧桑的老城终究不会太平……

飞越喜马拉雅

从博卡拉返回加德满都

2015年4月25日尼泊尔发生8.1级地震,加德满都的杜巴广场成为重灾区,建于十六世纪至十九世纪的玛珠庙、瓦特萨拉神庙、纳拉扬毗湿奴庙、比姆森塔、独木庙、加萨满达庙等12座马拉王朝的历史遗迹在地震中完全坍塌,著名的世界文化遗存从此后会无期。震前,我有幸穿越马拉王朝的历史过道,感受血雨腥风的"三国时代";感受尼泊尔古典文化的"文艺复兴";感受尼瓦尔民族的聪明才智和精湛技艺。

雾霾之下的加德满都

尼泊尔位于喜马拉雅山南麓,北邻中国,其余三面与印度接壤,人口约2800万。尼泊尔国境呈长方形,面积14.7万平方公里。喜马拉雅山脉成为尼泊尔和中国的天然国界,世界十大高峰有八个在尼泊尔境内。

飞机经过七个多小时的扑腾,终于降落在加德满都国际机场。原以为雾霾是我国特有,结果,远在5000公里之外的尼泊尔也紧随其后,漫天扬尘,犹如混沌世界;汽车绝尘过后,留下两条呛人的气浪。此情此景,忽然想起两年前的埃及之行,垃圾遍地、污水横流,加德满都真是有得一拼呀!

"这是在国内还是国外呀?"后排的一位游客咕哝道。

汽车行走在加德满都的大街小巷,犹如穿行在中国西部的一个贫困县城。坑坑洼洼的公路两旁清一色简陋的平房和席地而卧的老人孩子;原本拥挤不堪的马路上,总能见到瘦骨嶙峋

加德满都的猴庙

的黄牛躺在路中央,瞪大眼睛看着这个奇怪的世界;车门大开且严重超载的老旧公交车时不时喷吐着刺鼻的尾气。尼泊尔糟糕的经济现状由此可见一斑。

"中国人!中国人!"后来居上的一辆校车上传来一阵孩子稚嫩的欢呼声,就如同二十世纪八十年代初期的上海外滩,忽然走过一个高鼻梁蓝眼睛的外国人,后面跟着一大群看稀奇的本地人。

……

走在加德满都的大街小巷,犹如置身于《阿甘正传》的电影桥段,漫不经心的行人大多脸上捂着口罩、脖子上缠着厚厚的纱巾,与周围暖和的气象环境形成强烈反差。只有女人穿着的纱丽在灰头土脸的街道上划出一道流动的彩虹。尼泊尔人似乎对周围的环境习以为常了,门窗洞开、炊烟弥漫,一家老少围坐在一张低矮的小方桌旁,吃着黏糊糊的食物,旁边还躺着几条会打呼噜的狗。

"啧啧!这里的流浪狗也太多了!"

"上次我带的一个团也这么说。"尼泊尔导游是个有趣的小伙子,敦实的身形,让你一看便知是个酷爱运动的人,说起话来总是和颜悦色,自称中文名字叫成功。问他为什么取这么个名字,说是为了多赚一点钱的意思。唉!这哪跟哪呀?

成功反问道:"上次有人说回去后多派一些广东人来,我不知道是什么意思。"话音刚落,整车游客都被逗乐了。只有成功一个人站在一旁像做错事的孩子,左右环顾、一脸无辜……

在纳拉亚尼区，我走进一间门窗透风、家徒四壁的简陋农舍，一张床占据了房间的大部分空间，墙角边凌乱地堆放着一家老少一年四季的衣服，墙上斜插着两支尚未燃尽的蜡烛。据说，旱季的加德满都每天要停电十几个小时，因此，家家户户都备有蜡烛和油灯，即便是五星级的宾馆也不例外。然而，就是这么一个人均年收入400美元的赤贫国家，其幸福指数却是全球最高的地区之一。

"这个国家，从人到动物都没有脾气，一点也不着急，哪怕再穷，再脏，再热，他们自己活得很自在。"成功解释道。

走进马拉王朝的过道

杜巴广场是尼泊尔最著名的旅游景点，也是世界文化遗产。这里集中了加德满都老皇宫、哈努曼猴神宫、独木庙等50多座寺庙和宫殿，浓缩了尼泊尔从十六世纪至十九世纪的建筑精华。然而，这些暗红色的古老建筑大多为砖木塔式结构，错落在老旧的居民区内。很多建筑已经疲态凸显，犹如一群佝偻的迟暮老人。

其实，尼泊尔的旅游景点并不多。烧香拜佛、登山滑雪、探访草食动物基本构成尼泊尔旅游的全部内容。由于中国游客很少有信印度教的，因此，大多把这类景点看作逛庙会。人声鼎沸的杜巴广场内，不少是大嗓门的中国游客。

"死人的阿大，叫侬勿要乱爬勿要乱爬……"年轻的母亲一

加德满都的杜巴广场一隅

杜巴广场上化缘的僧人

边呵斥一边伸手拎起满地打滚的孩子。上海人。

"多佬娘钿,格么多人咋走走啦?"宁波方言从人堆里飘过。

"俺就不凑这热闹了呵,你们进去……"一位来自山东的壮小伙斜靠在独木庙的回廊上,不多久便呼噜过去了。

独木庙原是过往香客和路人歇息的公共房舍,后于1184年至1196年索罗尔王朝的古纳·卡马·德瓦国王修建为三层三檐

席地而坐的尼泊尔老人

的塔式结构的寺庙，整个城市就是以独木庙为中心建设的。最初取名加斯德满达普，意为美丽的城市；尼泊尔语为加德满都，其含义就是独木庙。

……

团里的老葛走散了，等我们从女王庙出来，就不见他的踪影了。于是，大家分头寻找，四处吆喝的、挥动帽子围巾的，瞬间，整个旅行团成了一锅乱炖。正当大家久寻无果、愤懑之情油然而起时，远处一个高大的身影浮现了。原来，老葛是个摄影爱好者，趁着大家去库玛丽庙参见尼泊尔国宝时，自己就去加德满都老皇宫拍照了。没想到那个稚气未脱的活女神在窗口只露了十几秒钟的脸，就宣告参见结束，这下老葛的算盘打错了。

库玛丽女神庙是家喻户晓的著名庙宇，为三层佛教寺庙建筑。该庙小巧玲珑、雕刻十分精致。据说，女神由尼泊尔国内层层筛选产生，其历史可以追溯到十六世纪的马拉王朝，后被沙阿王朝继承，受到印度教徒和佛教徒的共同膜拜。尼泊尔上自国王，下至百姓，对"活女神"的崇拜都很虔诚。根据印度教圣典记载，库玛丽女神是智慧女神和力量神的象征，也是教徒们的精神支柱。

穿梭在杜巴广场的庙宇群之间，听着不同版本的说辞，月光宝盒似乎把我们的思绪带回到十六世纪的马拉王朝。虽说马拉王朝在地域上并不是一个统一的朝代，但是它对尼泊尔文化的影响是其他王朝无法比拟的。尼泊尔人现在使用的文字就是在马拉王朝时期统一的。

马拉王朝独特的建筑和雕刻艺术是尼泊尔传统文化的象征。近年来，加德满都谷地兴起了许多现代化建筑。有不少现代派作品中也吸收了马拉王朝时期建筑的风格和样式。今天，当我们再一次环视加德满都谷地那一片古老建筑群，依然能够感受到马拉王朝鼎盛时期的辉煌。

危机四伏的丛林探险

穿越奇它旺原始丛林是尼泊尔旅游的一个传统项目。该自然保护区位于加德满都西南方向120公里的雷普提谷地，占地980平方公里，是尼泊尔第一个国家公园，起初是为了保护濒临灭绝的独角犀牛而建立的。现在，该自然保护区内生活着梅花鹿、独角犀牛、孟加拉虎、野猪、野象等50多种哺乳动物，以及翠鸟、苍鹰、夜鹭、犀鸟等525种鸟类，形成了一个生物多样性的自然环境。身临其境犹如走进亚马逊热带雨林，湍急的溪流、蛮荒的丛林和炽烈的阳光，以及满地乱窜的灵长类动物。

拂晓，地平线上泛起微弱的鱼肚白，一大群灰色的大象驮着一大群花枝招展的游客浩浩荡荡地向莽莽丛林挺进。乳白色的雾气形成的平流层在头顶上飘来飘去，难得一见的自然奇观。原以为清晨的空气会十分新鲜，其实不然。尼泊尔是个农业国家，有着焚烧秸秆的传统。无论走到哪里，空气中始终弥漫着焦糊味。当大象走进丛林深处，焦糊味才渐渐散去。但是，取而代之的是丛林特有的瘴气。这种瘴气是由腐败物质发酵后形成的，对人体十分有害。而且，丛林中湿气很重，树干上长满灰绿色的苔藓，远远望去犹如雾凇现象；沿路都是横卧的朽木，被大象踩过之后，留下一堆粉末和四处逃散的大个蚂蚁。丛林探险并不是一个值得推广的项目。

将近两个小时的穿行，除了猴子、獐子和梅花鹿之外，其他动物连影子也没有出现。那些草食类动物看到人类并不害怕，

整装待发的象群

你走你的路,它吃它的草,谁也不碍着谁。只有顽劣的猕猴趴在树梢上,冲着人群呱呱呱地乱吼。

回想起前一天下午乘独木舟在奇它旺国家野生动物保护区湍急的河流里漂流,这也是一个十分危险的娱乐项目。这条河流里到处都是尼罗鳄,别看它们趴在岸边一动不动,一旦发起攻击,小小的独木舟根本无法抵挡。更何况,大多独木舟已年久失修,不但船底渗水,船身也是千疮百孔。轻轻摇晃,就有河水涌进船体。人坐在独木舟里就好比庙里的泥菩萨,正襟危坐、动弹不得。

一位游客试图站起身来舒缓一下筋骨,立马被船夫喝止。原因是船身只有六七十厘米宽,一旦人体失去平衡,就会把整船游客带入水中,那河里五六米长的尼罗鳄据说已经饿了很长一段时间了。

一个小时的漂流,让每个游客的神经绷得紧紧的,大气不

独木舟

敢喘、手脚无处放,简直就是活受罪。当独木舟靠岸,许多人已经下肢麻木,连站起来都十分困难。我曾经参加过多年野生动物保护工作,对鳄鱼的习性颇多了解。在奇它旺国家野生动物保护区湍急的河流里与尼罗鳄近距离接触,绝对不是一个安全、成熟的旅游项目。

此景只应天上有

就普通游客而言,尼泊尔之行的最大看点是近距离眺望白雪皑皑的喜马拉雅山脉,而对于当地的夏尔巴人来说,撞见喜马拉雅雪人才是这辈子最大的梦想。但是,如今要想一睹喜马拉雅山的真容,就如同后者依然停留在雪人勇救夏尔巴姑娘和女作家吉尔宁的探险小说《雪人和它的伴侣们》的传说层面一样。这一切都是因为尼泊尔的雾霾天气造成的。

尼罗鳄出没的河流

住在博卡拉面向喜马拉雅鱼尾峰的度假酒店,除了入住时,推开窗户尚可看到若隐若现的雪山轮廓外,其他时间一概被高原的雾和城市的霾所遮蔽。

第二天,我们满怀期待地登上海拔1592米的莎朗科观景台。据说,从这里可以看到喜马拉雅极为壮丽的景色,西边的道拉吉里峰、中间的鱼尾峰和东边的安娜普纳峰都可以一览无遗。更何况东边的雪山日出也是全世界旅行者谁都不愿错过的视觉大餐。

然而,事与愿违,从两眼一抹黑开始上山,到登上莎朗科观景台依然伸手不见五指,高原气候的"一日四季"并不像传说中的喜马拉雅雪人那么神秘，即便你裹得严严实实，依然感觉到浑身都透着缝隙。

经过半个多小时的等待，莎朗科观景台已是人满为患，到处都是期待的眼神，到处都是三脚架和长枪短炮。

太阳终于渐渐从山坳里升腾起来，把远山近水染成一片炫目的金黄。唯独喜马拉雅山脉在浓雾的裹挟下，依然神龙见首不见尾。尼泊尔之行最值得期待的大戏尚未开幕便宣告结束。

次日，所有游客都将带着遗憾从博卡拉返回加德满都，车程需要七八个小时。为了免受颠簸之苦，我们选择了包机回加德满都。

这是一架只有三十座的小型飞机，飞行员是个典型的尼泊尔帅哥，坐在驾驶舱里微微侧转身体，礼貌地向乘客传达善意。

都说船小掉头快，飞机也是如此。双螺旋桨的发动机马力十分强劲，从滑行、加速、拉起一气呵成，原以为小飞机会十分颠簸，结果却出奇地平稳。当飞机穿过云层的瞬间，整个客舱沸腾起来了。舷窗外，白雪皑皑的喜马拉雅山脉连绵不绝，就如同琼楼玉宇一般伫立在云端。忽然想起元好问的《台山杂咏》"此景只应天上有，岂知身在妙高峰"的句子。

住在喜马拉雅的山脚下，却未能见到喜马拉雅山的真容，如果说这是一次不成功的旅行，一点都不为过。然而，在大家毫无心理预期的前提下，一个惊喜突然出现在你的面前，那种感受无异于绝处逢生。

"物有所值！物超所值！"张蔚是个漂亮优雅的女人，高挑

尼泊尔小女孩

的个子、精致的脸庞，举手投足间洋溢着上海女人特有的情调。此时此刻，她似乎魔鬼附体，言语亢奋、动作变得夸张起来。岂止张蔚，所有游客的内心小宇宙都瞬间爆发了。十几分钟前，大家还在为每人150美元的机票纠结呢。

舷舱外，湛蓝的穹顶犹如天空之镜，将一簇簇纯净的云朵纳入其中，连绵不绝的喜马拉雅山脉瞬间变得触手可及。随着飞机绕圈和左右摆动，此时的喜马拉雅山脉犹如蛟龙横空出世，忽地从下往上拔地而起，忽地又从空中向下极速俯冲，气势磅礴、摄人心魄，恍若置身瑶池仙境一般。

……

喜马拉雅曾经是茫茫沧海，有一天，五仙女结伴下凡，镇妖降魔、海水退却，芸芸众生终于过上了幸福美满的生活。五仙女则化成了喜马拉雅山脉的五大主峰，其中"神女峰"便是今天的珠穆朗玛峰。民间故事总能让人思绪飘荡、回味悠长，而现实生活却又那么真实和残酷。当飞机一头向下穿过厚厚的云层，加德满都的雾霾随之扑面而来。

春风十里
看樱花

鸭川町屋骑墙上的樱花

住在京都鸭川边上的旅店，推开窗户，远山近水、春风十里，都是城市人心心念念的风景。四月的京都正值枯水期，鸭川的溪水浅浅的，是踩着鹅卵石就能蹚到河对岸的那种。三三两两的绿头鸭慵懒地趴在裸露的河床上憩息，一群不安分的渡鸦以简单粗砺的"呱呱呱"的叫声打破了黎明的寂静。

鸭川是一条长约31公里的河流，横贯京都中心城区。鸭川的两岸栽种着大量樱树，有山樱、大叶早樱、寒绯樱、雏菊樱，更多的则是东京樱。每当樱花盛开，这里移步换景，美不胜收，是游人心驰神往的赏樱地；我们一行刚好赶上了樱花的盛开期。

走在鸭川的步道上，满眼都是白色和粉色的樱花，耳畔不时飘过潺潺的水声，鸭川的清晨是宁静淡雅远离尘嚣的。太阳刚刚从山的那一边徐徐升起，薄薄的雾霭犹如微风中的纱巾，紧贴着鸭川清澈的溪水飘忽来又飘忽去。一株盛开的垂枝樱的枝条沿着岸边町屋爬满青苔的骑墙一直低垂到水面，微风拂过，撒落的花瓣义无反顾地追随着流水渐行渐远……

樱花是蔷薇科樱属植物的统称，原产于温带环喜马拉雅山地区，唐朝时期，樱花随着建筑、服饰、茶道、剑道等一并从我国传入东瀛，从此樱花在日本生根开花，并形成漫长的栽种历史和独特的赏樱文化。

相传，日本第一次赏樱会起源于九世纪，是由嵯峨天皇主持举行的。庆长三年，即1598年3月15日，丰臣秀吉在京都醍醐寺举行的赏樱会，以其豪奢华丽的程度彪炳史册。到了江户时代，赏樱才逐渐形成民间习俗。

日本樱花的花期是每年2月份至5月份，由南向北次第绽放，最早开花的是冲绳岛，最迟的则是北海道。每年的3月15日至4月15日是日本国定的樱花节，也称"樱花祭"，以此来纪念和传承丰臣秀吉开创的赏樱会。

每当樱花盛开的时节，人们就会在樱花树下摆上丰盛的酒席，或合家欢聚，或一众好友开怀畅饮，这一形式已成为日本赏樱文化中不可或缺的传统项目而一直传承至今。那天，我们在京都圆山公园就目睹了这一盛况。无论是在盛开的樱花树下，抑或是绿茵茵的草坪之上，人们就地铺一块草席盘腿而坐，举杯高歌，谈笑春日，不醉不休。

"东京樱花"是著名的早春观赏树种，盛开时花色艳丽，满树烂漫。可大片栽植，营造出花海般的景观，可三五成群，形成花团锦簇的效果，也可孤植，以凸显万绿丛中一点红的意境。东京樱花花期早，先叶开放，着花繁茂，花色白中带粉，远远望去恰似一片云霞，十分绚丽夺目。

我们在奈良县吉野山上就目睹了这一胜景。吉野山因樱花而闻名，到了每年的赏樱季，满山遍野都是盛开的樱花，因而有"吉野千本樱"之美誉。吉野山是关西乃至日本最具代表性的赏樱胜地，大约栽有三万株樱树，从山麓到山顶樱花次第开放，一目千株，气势不俗。

那天，我们从京都搭乘轨道交通前往奈良，再换乘越野车一路直奔吉野山，车在逼仄的山路上蛇行，两旁是郁郁葱葱的参天古木，偶尔闪过零星的樱花树，也是稀稀落落的状态。然

吉野山赏千本樱

而，当我们攀上山巅俯瞰脚下，那是一种摄人心魄、美到窒息的感觉。

这种感觉有点类似前几年尚未拆除的外滩第一湾，当车辆从延安东路高架拐入外滩，眼前豁然开朗，宽畅的黄浦江和对岸的陆家嘴现代建筑群映入眼帘……站在吉野山上放眼望去，满山遍野的樱花把整片整片的山坡和山坳熏染得五彩缤纷、绚丽多姿。坐在上千本的平台上，喝着日本特有的煎茶，欣赏着

满山遍野都是盛开的樱花

眼前的美景,任凭微风从额前拂过,那分明是一种久违了的无我状态。

……

去京都赏樱,夜樱绝对是不容错过的一大看点。那天,晚餐过后,同行的丁老师提议去清水寺看夜樱。据说,清水寺的夜樱在京都非常有名,是游人夜间赏樱的不二去处。然而,当司机得知我们要去清水寺时,连忙劝我们改变行程,因为当天清水寺并不开放祭樱晚会。于是，我们改去东寺。

然而，当我们到达东寺，赏樱的人群已经绵延百米之外。排在我们后面的两位姑娘是从二条城过来的，二条城又名二条御所，是江户时代幕府将军的行辕，如今是京都赏樱名所，尤以观赏夜樱著名。然而，要想在行辕内观赏夜樱，排队两三个小时是在所难免的。

"二条城那边人满为患，所以我们来这边了。"其中一位高个子姑娘带着港台地区特有的口音埋怨道，"没想到东寺这边也要排那么长的队……"

好在东寺外围秩序井然，这里没有插队，也没有大声喧哗。十几分钟后我们依次买票进入东寺。东寺又名教王护国寺，建于公元八世纪，是佛教"真言宗派"的寺院。寺内有以"五重塔"为代表的许多历史建筑，被联合国教科文组织评定为世界文化遗产。东寺内的建筑曾几度焚毁，又多次重建；今天的东寺大体上保留着寺院刚修建时的原貌。

每年的樱花季，东寺都会迎来夜祭的盛会。晚上6点半一过，寺院内的背景灯光被全部打开，瞬间就把寺院内装扮得玲珑剔透、灿若星河。55米高的五重塔在姹紫嫣红的夜樱簇拥下显得十分魔幻，尤其是倒立在湖水中的五重塔更是妙不可言，我的眼前忽然浮现出"瑶宫寂寞锁千秋，不如笑归红尘去"的意境……寺院内有一棵十多米高的垂枝樱，号称"百年不二樱"，是东寺的镇寺之宝。此刻的垂枝樱头顶满月、花开芬芳、枝头低垂，宛若懵懂少女安静而又羞涩地在向男孩子诉说绵绵

每年东寺都会迎来夜祭的盛会

情话……

  在日本,樱花有"死亡之花"的称谓,原因是樱花的花期很短,花开花残仅七天时间,因而有"樱花七日"之说。即便日本各地都会发布"樱花预报",但是人算不如天算,当地喜怒无常的气象条件足以在短时间内改变樱花的花期。当我们背起行囊告别京都时,漫天飘零的樱花花瓣昭告着今年"花见"年事的落幕。

  京都赏樱,俨然是一场人类审美与时间的赛跑。

遗落在南太平洋上的彩练

南太平洋的珊瑚礁

在南太平洋的版图上，有一个以碧海蓝天、白沙椰影、珊瑚美食、落日余晖等元素构成的旅游度假胜地，那就是斐济。斐济地跨东西半球，介于赤道与南回归线之间，由332个岛屿组成。汤姆·汉克斯主演的《荒岛余生》、波姬·小丝主演的《青春珊瑚岛》以及迈克尔·塞洛蒙执导的《蓝色珊瑚礁》都在这里取景。斐济属热带海洋性气候，年平均气温在22至30摄氏度之间，斐济的岛屿多为珊瑚礁环绕的火山岛，享有"全球十大蜜月旅游胜地"的美誉。

探秘马鲁瑞奇岛

斐济水是闻名世界的最为纯净的饮用水，清澈、甘冽、柔滑，采自火山岩深层的地下水系。然而，斐济珊瑚礁周边的海水也如同它的饮用水一样透明清澈，而且色彩斑斓。

早上九点，我们租用了一艘快艇，直奔马鲁瑞奇岛，也就是电影《荒岛余生》的拍摄地。《荒岛余生》是由罗伯特·泽米吉斯执导，汤姆·汉克斯和海伦·亨特等主演的剧情冒险片。该片讲述了一个联邦快递员在南太平洋上空坠机后漂流到无人荒岛，并顽强生存四年后重返文明社会的故事。

乳白色的快艇在蓝绿相间的南太平洋海面上风驰电掣，船尾犁出一道蛇形的浪花，就好比一个裁缝一不留神在平整的绸缎上剪下的不规则的荷叶边一样。

马鲁瑞奇岛至今仍是个荒无人烟的火山岛，面积与我国的太平岛相似，区别在于太平岛上有淡水水源，宜耕种、宜居住，而马鲁瑞奇岛上则没有淡水，自然环境十分恶劣。然而，又白又细的沙滩和茂密的椰林，以及海水下面色彩斑斓的珊瑚虫和种类繁多的热带鱼类才是这个小岛的魅力所在；这里也是众多旅游客的浮潜胜地。

斐济地处热带，紫外线辐射十分强烈。当你走在马鲁瑞奇岛的沙滩上，犹如误入热锅的蚂蚱，除了蹦跶，别无出路。

此时，马鲁瑞奇岛上空片云全无、蓝到过分，烈日把周遭环境炙烤得如同火炉一般，假如谁赤着脚站在沙滩上，那一定是自作孽了。

"不拍了，不拍了！"刚刚一屁股坐在沙滩上准备拍照的李俊敏噌地一下跳了起来，"烫死人了……"

只有丁薇若无其事地撒开脚丫在浅滩上拨弄着海水。

其实，女人最大的敌人不是岁月，而是太阳。岁月是不可抗的，太阳则是岁月的加速器。因此，女人一般不爱晒太阳，生怕肌肤因紫外线辐射过量而加速老化。

李俊敏和丁薇也不例外，在浅滩上溜达了一会儿，便早早地躲进了椰树林里。偌大的浮潜海域只有我一个人在珊瑚礁的缝隙里钻来钻去，结果鱼没有捉到一条，却把自己晒得像刚从埃塞俄比亚回来一般。

尤其是刚刚下水前扔在沙滩上的手机，此刻犹如烫手山芋，所有功能全部瘫痪，再晚一步估计一些塑胶构件将被融化。

……

马鲁瑞奇岛因拍摄《荒岛余生》而闻名,世界各地的旅行者纷至沓来,不少人来到小岛的目的就是为了做一回主角、还原一段电影场景。因而,沙滩上用椰子壳排列出来的硕大的"HELP!"触目惊心。尤其是用石头垒起来的坟丘,以及在树干上钻木取火所留下来的密密麻麻的黑色凹坑,总能让你似曾相识。

据说,当年《荒岛余生》获准在小岛上拍摄,经历了复杂而漫长的过程,摄制组在与斐济政府拟订的合同中还包括了环境管理守则,并由当地政府派出一位环保人士负责全程监督。

《荒岛余生》外景地之马鲁瑞奇岛

然而,如今的马鲁瑞奇岛并不是一片纯净之地,满地的枯树枝和椰子壳里掺杂着花花绿绿的塑料瓶、橡胶拖鞋和锈迹斑斑的空罐头。随处可见的蜥蜴把这里当成了安乐窝,钻进钻出相互追逐着。

在南太平洋上冲浪

从马鲁瑞奇岛回来,丁薇提议把摩托艇冲浪项目一并解决掉,我觉得这是个不错的主意。大家都穿着现成的泳衣,无须再回酒店换衣服,何乐而不为呢?

在斐济,除了丰富的水上运动外,基本上没有其他可供娱乐的项目。斐济是个欠发达的国家,人口不到90万,农村和城市的界限并不明显。外来投资基本上都砸在旅游业上,这是基于斐济得天独厚的岛礁资源。我们下榻的喜来登酒店就是坐落在托阔里奇岛上的一家国际度假酒店,离主岛维提岛也就几十海里。但是,斐济的离岛上大多没有生命支持系统,所有生活物资都靠主岛海运过来。因此,在这里消费明显高于主岛,包括住宿、饮食、淡水以及娱乐项目。

摩托艇冲浪和跳伞、潜水、蹦极一样,属于高危的运动项目,基本没有保险公司愿意为这些项目承担保险责任。酒店的娱乐主管部门也是如此,让我们支付了一笔可观的保险金,投保性质有点像我国的交强险。但是,它的用途却和交强险有着天壤之别。交强险是为了挽救生命、实行先行赔付而设置;我们投保的摩托艇冲浪险并不是为了保障人身的安全,而是为摩托艇设置的强制险,理由是万一摩托艇被我们玩坏了,个人可以少赔付一些。其实,明眼人一看就明白,这不过是经营者生财有道罢了。

摩托艇像脱缰的野马,在南太平洋一平如镜的洋面上所向披靡。此情此景,忽然想起玻利维亚的天空之镜,倒映天空,美到窒息。

天空之镜位于安第斯山脉的一片辽阔的高原,海拔三千多米,是冰川融化后留下的盐湖。每当夏季的雨后,整个湖面就像一面无边无际的镜子,天上人间让人傻傻分不清。

　　此刻的南太平洋洋面就如同天空之镜一般,平整光滑、一望无际。湛蓝的绸缎般的洋面,在微风的吹拂下泛起纤细的纹路般的涟漪。映衬在柔软的绸缎上的是星星点点、宛若睡莲般盛开的白云。有点像中国的蓝印花布,蓝得纯粹、白到无瑕。只有一前一后两条黄色的摩托艇与周围的环境很不搭调,像是一个笨手艺人在扎染时不经意间沾上的杂色。

　　其实,摩托艇很难驾驭,它的方向舵太过灵敏,经常左右摇摆,以致险象环生。尤其在岛礁间来回高速穿梭,没把丁薇吓傻纯属意外。

　　约莫一个小时的海上冲浪,我们终于安全地回到了托阔里

皮划艇冲浪

奇岛。这是一项值得体验的竞技运动,它的魅力在于远离海岸线,在烟波浩渺、摄人心魂的南太平洋上完成规定路线。只有在这种近乎孤立无援的状态下,才能唤起心中失落已久的敬畏之情,才能感受自身在自然世界中的渺小和微不足道。

其实,前一天在托阔里奇岛的周边海域玩拖拽伞,跟摩托艇冲浪有些相似。前者是由快艇拖着,就像风筝一样借助上升气流,高高扬起、不费功夫,看着百米以下的快艇在海平面上

踏浪

织出一条白色的缎带。而后者的感受完全不同,当你的摩托艇远离岸边,孤零零地驰骋在一望无际的汪洋大海,心理上或多或少会产生一些莫名的恐惧。但是,不同形式的冲浪,有着迥然不同的感受。

俯瞰七彩珊瑚礁

都说斐济的珊瑚礁可以与澳大利亚大堡礁媲美,这话一点不假。但是,你如果不能从空中俯瞰斐济的珊瑚礁,那么,这种说法也只能停留在传说中。

早上,接到喜来登酒店的通知,原本上午八点半起飞的直升机正在抢修,起飞时间要顺延一小时。我脑海里顿时掠过一丝不祥的预感。时间不是问题,飞机坏了能随便说吗?

约莫半个小时过后,耳畔由远及近传来了直升机的轰鸣声。后来一打听才知道,飞机一点问题也没有,只是副驾驶睡过头了。而且,飞机是从主岛楠迪飞过来的,所以时间都耽搁在路上了,我们听后如释重负。

飞行员是两个新西兰帅哥,说话举止礼貌风趣。

上飞机前我们被要求在腰间系上一个黄色的救生包,说是万一飞机掉下去了,我们可以自救。这哪跟哪呀?一望无际的南太平洋,几年前那架大型的马航客机至今未能找到。区区一架小型直升机掉下去,岂不等于一只蚂蚁掉进丛林里……

我们一行三人只有丁薇可以用流利的英语与飞行员交流,我们所有的信息都来自丁薇的翻译。但是,人类的信息交流不完全来自语言,肢体、眼神、情绪都能构成信息的来源。我从驾驶员不怀好意的眼神里就能猜出一二。他先是瞟了瞟我的T恤衫,接着转过身去在丁薇的耳旁叽里咕噜了好一阵子。我猜想一定不是什么好话。

"他看见你穿的T恤就知道你会跳伞。"丁薇翻译说,"前面有一片浅滩,里面全是鲨鱼,到时他会把你推下去喂鲨鱼。"

"我招惹谁啦?"

上飞机前,我们曾徒步爬上托阔里奇岛的巅峰,站在这座火山岛荒凉的山顶,远眺一望无际的深蓝和零星撒落的岛屿,以及深蓝上飘浮着一抹淡淡的云。近看是碧绿中夹杂着乳白的颜色,这种色彩是浅滩下的海草和珊瑚虫折射阳光所产生的效果,十分奇特。

然而,从空中俯瞰环形珊瑚礁,那简直就是人间仙境。都说斐济的海水是七彩的,如果你不是坐在直升机上,一定不会有这种视觉感受。忽然想起毛泽东《菩萨蛮·大柏地》"赤橙黄

南太平洋的日落

绿青蓝紫,谁持彩练当空舞"的词句。这首追忆战争、讴歌江山之美的词作,此时套用在斐济绝美的自然景观上,竟然如此契合。

直升机的飞行路线以托阔里奇岛为轴心向四周延伸,掠过之处大多为无人居住的珊瑚礁、火山岛和潟湖。正是这些由珊瑚虫钙化后形成的浅滩，把纯净的海水染成了五颜六色。原来，这就是斐济七彩水的由来。

忽然，直升机在拉升后急速向下俯冲，坐在前排的两位美女顿时花容失色、惊呼起来。我知道这是驾驶员的小伎俩，因为，两年前，在新西兰的一次高空跳伞中，身后的教练也在我毫无思想准备的情况下，告诉我降落伞打不开……

当直升机趋于悬停时，映入眼帘的景象让所有人都凝神静气屏住了呼吸。那是我们在《国家地理》和好莱坞影视作品里经常见到的心形珊瑚礁，中间郁郁葱葱一片苍翠，四周由洁白的沙滩自然形成围边，周围的海水是彩色的。远远望去，犹如天上遗落的翡翠吊坠，又似南太平洋上一颗脉动的心脏。惊艳神奇、令人叹为观止。

落日余晖下的斐济美食

斐济人在饮食方面口味较重，喜大油，爱甜食。主食以大米为主，配以芋头、木薯、山药等；副食特别喜欢海龟肉、鱼虾等海产品。对烤、炸、煎等烹调方法情有独钟。为了迎合中国游客的饮食习惯，不少酒店增加了京、鲁、粤等中餐菜系。

斐济历史上曾是英国的殖民地，这里的酒店大都保留着欧洲大陆式的西餐做法。"椰子汁拌瓦鲁鱼"是每家餐厅必备的看家菜，凉拌的鱼肉浇上天然椰汁和秘制配料，盛入椰壳，犹如一件精美的艺术品，闻起来酸酸甜甜，让人食欲大增。

"想吃什么呢?"喜来登的大厨亲自拿着菜单,"斐济菜还是印度菜?"大厨是斐济当地人,人高马大且大腹便便,头上戴着一顶恨天高的白帽子,和颜悦色,娓娓道来。

在喜来登吃饭是要提前预约的,尤其是旅游旺季。因为,斐济人做事不像我们那样风风火火,而是不紧不慢,经常前说后忘记。假若你不是提前预约,很可能一顿饭会被推迟两三个小时。

"来到斐济吃印度菜是不是有点怪怪的?"于是,我提议晚上吃斐济套餐。

其实,斐济的人口构成中有近百分之四十是印度裔人,因此,当地的印度菜做得也相当地道。

斐济人还爱喝"卡瓦酒"。卡瓦酒是用产于南太平洋群岛的一种卡瓦胡椒,取其根部研成粉末兑水而成,其本身并不含任何酒精。喝了卡瓦酒后舌尖会慢慢麻木,继而精神镇静、全身松弛,体验到一种从未有过的满足与舒适感。卡瓦酒在南太平洋群岛斐济、萨摩亚、汤加、瓦努阿图等国家有着悠久的历史,卡瓦酒的传说也神乎其神,斐济人把卡瓦酒盛在椰子壳中,似同甘露,并定为国饮。但是,卡瓦酒具有精神类药物成分,很多国家视其为违禁品,我国也不例外。

那天,在斐济主岛的一个农贸市场,我们就体验了一下卡瓦酒的滋味。都说去斐济旅游,除了享受蓝天白云、岛礁资源外,还应该尝一尝斐济的卡瓦酒。

其实,斐济的旅游景点很少,而且比较单一。为了打发时

前往托阔里奇岛

间，很多旅行社会把参观农贸市场作为一个景点。

不过，话也要说回来，斐济的农贸市场干净利落、没有异味。这个农贸市场上有几个摊位就是专门现场制作卡瓦酒的。一个大腹便便的摊主从塑料容器中舀了半碗卡瓦酒，让我们挨个喝一口，淡淡的，什么味道也没有。但是，等我们离开后，舌头就感觉微微发麻。

斐济人饮食喜欢重口味，又爱喝卡瓦酒，一顿饭吃好，基本就晕晕乎乎了。怪不得斐济的男人大多大腹便便，这跟卡瓦酒脱不了干系。卡瓦酒就像安眠药一样，吃好饭就让你睡觉，睡醒了接着吃下一餐。所有热量都堆积在男人的腹部，肚子不大就不叫斐济男人了。

难怪斐济人对"沉睡的巨人"情有独钟。沉睡的巨人其实就是楠迪以北的瑙苏里高山，山脚下曾经是美国《轮椅神探》男明星雷蒙德·伯尔建于1977年的私人花园，如今改建成斐济最大的兰花收藏公园。瑙苏里高山的外形结构十分有趣，从远处看就像一个脸部轮廓分明、挺着如同斐济人特有的大肚子仰天呼呼大睡的巨人，因而得名。沉睡的巨人如今也成了斐济男人最形象的写照。

……

坐在喜来登露天的阳台上，看着渐渐西沉的落日余晖，听着南太平洋柔软的涛声，喝着斐济当地的冰镇啤酒……

楠迪街头遇神偷

斐济之行的最后一天，上午在弹拨乐器的演奏下，我们乘游轮离开托阔里奇岛，前往主岛维提岛。斐济人大多能歌善舞，用当地的土著音乐迎送客人是他们的传统。这里的男人和女人一样，耳朵上插着一朵大红色的扶桑花，这是斐济的国花。前台、厨师、救生员乃至保洁员，平时该干吗干吗，只要有客人到来或者离开，他们都会放下手头的活儿，聚集到大堂门口，举行迎送仪式。说不上他们的弹唱有多么动听，但总能让你感觉温暖。

离去机场的时间还有两个多小时，地陪湖安海提议大家去楠迪的大街逛逛，该买买、该喝喝、该歇歇。

湖安海是个西班牙小伙子，瘦高个、络腮胡，长着一张凹凸分明的脸，中文说得十分流利。他以前在北京工作过好几年，从事电视台的西班牙语翻译。

……

楠迪位于维提岛的西部沿海，"天堂也不过如此景色"，指的就是斐济，而斐济的天堂非楠迪莫属。这里的海水清澈见底，是世界上最理想的潜水胜地之一。当你置身于洁白如雪的沙滩时，一定会被充满热带风情的碧海蓝天、椰林摇曳和彩色珊瑚礁烘托的氛围所感染。

然而，楠迪的街头与法国巴黎、意大利罗马的街头有着惊人的相似，繁华和美景的背后隐藏着无数窥探和觊觎的眼睛，隐藏着无数出神入化的"上帝之手"。

说楠迪的街头繁华，只是相对于经济并不发达的斐济而言的。这里有百货商场、有咖啡馆，更多的是旅游纪念品商店，对于当地人而言，这里已经是相当热闹的街区，有点类似于城市的中心。三四层楼高的建筑物构成街道的主要外立面，底层清一色为店铺，而站在店铺门口的又是清一色大腹便便、穿着筒裙的斐济男人，他们的目光始终聚焦在来来往往的游客身上。英语、斐济语和生硬的中文混搭在一起的吆喝声此起彼伏，有点滑稽兮兮的。然而，对于我们这些走过三关六码头的游人而言，这里最多只是江浙一带的一个小镇。

忽然，在街头的拐角处，一个热情洋溢的中年男人向我们迎来，并握住我的手，不停地上下比画，说着你永远听不懂的话。尽管丁薇的英语水平十分了得，愣是没有听懂一个词语。

后来一分析，这个斐济男人就是为了分散你的注意力，说一些只有上帝才能听懂的话。起初我还以为是当地旅行社派来的向导，后来，随着他的动作越来越夸张，我忽然觉得哪里不对劲，立马抽身离去。即便如此，当时也没有把他与"上帝之手"挂上号。

半个小时之后，当我在一家旅游纪念品商店购物付款时，一摸裤兜，哎哟！四百多美元分文不剩。

细细想来，从下车开始整个过程，除了这个热情洋溢的斐济男人，就没有接触过其他人，也不见有人在我面前兜兜转转……

做了这么多年记者,自以为警惕性很高,尤其在国内耳濡目染了大量花样迭出的坑蒙拐骗事件,结果,道高一尺魔高一丈,在南太平洋的一个岛国,我还是遭遇了扒窃技能如此出神入化的中年神偷。

不幸中之万幸,一摸口袋,护照和信用卡还躺在裤兜里,要不然麻烦就更大了。

"对不起,对不起!"地陪湖安海知道后一个劲地赔不是,"以前只有晚上才会出现一些状况,白天很少发生这种事情的。"

菊水楼尝鳗鱼饭

铸铁老物件是百年菊水楼的见证

鳗鱼是个不太讨喜的生物,似蛇无鳞,浑身上下分泌黏液,滑溜溜的;而且性情凶猛、贪食、昼伏夜出。不少人看到鳗鱼犹如见到蛇一样,具有天生的畏惧感和排斥感;用上海话说有点"泥腥巴啦"。

说鳗鱼"泥腥巴啦",倒不是说鳗鱼生长的环境肮脏。其实,鳗鱼对生长环境的要求很高,不仅要求水质清澈干净,而且水温也要恰到好处,因为鳗鱼是喜温动物。它不像鲶鱼和小龙虾那么随遇而安。但是,鳗鱼长得尖嘴利齿绿豆眼,游起来跟水蛇似的,让很多人感官上难以接受,甚至感到有点泥腥;鳗鱼还是偏好吃荤的脊椎动物,它可以从大鱼的鳃部钻进去,吃光内脏,再吃肌肉,直至把大鱼吃剩一副骨架一张皮。

小时候曾经在漕河泾的河浜里游泳,看见前方有一大堆白乎乎的东西顺流而下,以为是死人,于是,几个小伙伴甩开膀子拼命往岸边游。结果等靠近后一看,原来是一只被河水泡得肚胖气胀的"二师兄"。

当时让我感到好白相的是这只猪猡已经翘辫子好几天了,为什么肚皮还会一张一翕地蠕动呢?于是,我拿来一根撑船用的竹篙朝死猪的肚皮捅去,噗嗤一声,二师兄的肚皮瞬间炸开,随之而来的是一股冲天的臭气,熏得一众小伙伴纷纷捂起鼻子抱头鼠窜。

然而,更加恐怖的一幕还在后头,随着死猪肢体的分解和下沉,原本钻进肚子里的鳗鱼四处逃窜。数量之多简直可以用密密麻麻来形容。这一捅也让我从此"怀疑鳗生",这类恐怖的生物是否来自外太空？人怎么可以与这么泥腥巴啦的东西共享同一片水域？此后，即便夏日炎炎，大丈夫再也不曾下过这条河游泳，跟我朝夕相处的碗筷从此患难与共、严防死守，坚决抵制滑不溜秋的家伙乘虚而入……

几年前，在新西兰的奥克兰中央公园也目睹了鳗鱼成群争食的景象。那天，我们去奥克兰中央公园看天鹅，结果，在湖边喂食天鹅的时候，却引来了一大群灰不溜秋的鳗鱼。新西兰当地人没有食用鳗鱼的传统，再加上政府对捕捞鳗鱼实行配额管制，以防止本地鳗鱼由于过度商业捕捞而遭受物种灭绝，因此，鳗鱼在新西兰的河道里随处可见。然而，当我看到成群结队的鳗鱼犹如亚马逊流域的食人鱼一般挤成一堆疯狂抢食，依然会隐隐感到胃部不适。

其实，鳗鱼是鳗鲡科长条蛇形鱼类，全世界共有18个品种，它们在地球上已经存活了几千万年，比人类要早得多，但我们对它们的了解只不过短短几十年。

据科学考证，鳗鱼的营养价值比鲈鱼、鸡肉、牛肉等高得多，维生素、矿物质和微量元素含量更是陆生动物所不能比拟的。研究表明，鳗鱼是富含EPA和DHA最高的鱼类之一，不仅可以降低血脂、抗动脉硬化、抗血栓，还能为大脑补充必要的营养素。

日本人在冬天就常吃鳗鱼饭来保持充沛体力和驱走严寒；台湾地区将重阳节作为食鳗节，给人传递一种信息，就是食用鳗鱼能促进健康长寿。鳗鱼最具代表性的吃法就是"蒲烧"，不同的地方其料理的方法也不尽相同。日本关东地区的做法是将鳗鱼从背部切开，用炭火慢慢烤透后蒸一下，再用中火边刷调味汁边烤。而在关西则是从腹部剖开，将整个鳗段穿在木串上，蘸上调料直接烤；随后将烤好的鳗鱼放在热腾腾的米饭上，浇上配好的酱汁就是一盒香喷喷的"鳗鱼盖浇饭"。

那天，我们去奈良市的春日大社游玩，钻过乌漆墨黑的春日灯社、调戏完流氓梅花鹿，时间已经过了中午的点了。饥肠辘辘自不必说，周围还鲜有吃饭的地儿。于是，同行的丁老师用大众点评一搜，千米之外有一家叫"菊水楼"的日本料亭，创业于明治二十四年，是一家相当有名的专做鳗鱼饭的百年老店。据说这家店的晚餐需要提前几周预订，而午餐虽说无须预约，但还是要碰碰运气的。

我一听说吃鳗鱼饭，心里就咯噔了一下，这么泥腥的东西怎么吃呀？但是，也不能因为我一个人对鳗鱼有忌讳而影响到一众人的口腹之欲。更何况，我可以点其他的饮食，何必被一条鳗鱼恶心死呢。

菊水楼不愧是一家百年老店，即便过了中午时分依然门庭若市。三层楼的庭院建筑透着满满的岁月沉淀，院子里曲径通幽、绿树成荫、花开灿烂。排队半个多小时之后终于轮到我们上台面了，一翻菜单，糟了！这里除了各色各样的鳗鱼饭，没有其他选项，问人家要一碗白米饭加一碗味噌汤也说不过去。于是，硬着头皮点了一套"蒲烧鳗鱼饭"。说实话，餐是点了，头皮却在发麻，心里嘀咕："大不了把鳗鱼扔了。"

奈良春日大社

忐忑的20分钟过去了，蒲烧鳗鱼饭端上来了。这是一盘典型的日式料理，朱墨两色方形漆盘内放着一盒鳗鱼盖浇饭，外加一碗汤和少许葱花、酱菜之类。这也是从明治年间沿袭至今的日本快餐的标准样式。

尚未等我打开饭盒，一阵阵香气便扑鼻而来……

原本"泥腥巴啦"的鳗鱼形象消失了，记忆里挥之不去的密密麻麻四处逃窜的鳗鱼也不见了。眼前的鳗鱼去头去尾去骨，从背部剖开，经过烧烤蒸煮后抹上酸甜酱和芥末，一红一白两种口味。用筷子轻轻一拨，鳗鱼的肉犹如刚刚采摘的菊花花瓣，匀称齐整、富有弹性；夹上一筷软糯适中、肥而不腻的鳗鱼肉送入口中，岂止"鲜嫩多汁""入口即化"的简单文字所能概括，简直就是妙不可言的珍馐美馔。一顿蒲烧鳗鱼饭吃下来，全然没有吃出一丁点土腥味，留在齿间的却是持续的鲜香……

这顿蒲烧鳗鱼饭终于改变了我多年来对鳗鱼"泥腥巴啦"的成见，似乎从此对滑不溜秋的生物也不再排斥。前几天，我请一众朋友喝酒，还专门点了一道红烧鳗鱼呢。

莫凡彼岛

珊瑚礁

莫凡彼岛位于印度洋北部拉克代夫海诺鲁环礁沿线，距印度南部和斯里兰卡西南部分别为 600 公里和 750 公里，是马尔代夫于 2018 年 11 月新开发的六星级岛屿。面积为退潮时 11 公顷、涨潮时 9 公顷；岛上拥有 105 间别墅和套房，四家餐厅和三个酒吧，是远离尘嚣的世外桃源。

诺鲁环礁也是马尔代夫北部相对平静的环礁入口，因水下美景和生物多样性而闻名，这里是海龟、裸鳃、蝠鲼、海豚以及梭鱼、黄貂鱼、鲨鱼的栖息地，也是世界各地旅行者纷至沓来的潜水胜地。

马尔代夫地处赤道附近，具有明显的热带雨林气候特征，大部分地区属热带季风气候，终年炎热潮湿多雨，年平均气温 28℃。当我国大部分地区进入隆冬季节，马尔代夫早已酷暑难当了。

静谧诡异的珊瑚岛

从空中俯瞰，莫凡彼岛是一个被热带植物覆盖的椭圆形小岛。两排水屋从岛屿的中央呈环抱状延伸至潟湖，凸显拥抱大海拥抱世界的设计理念。

那天，风高浪急又遇退潮，水上飞机无法靠岸，只能降落在海上浮动平台的边上，再由快艇把游客接驳上岸。

走在莫凡彼岛的小径上，脚下是细软的白沙，周围是浓密的热带植被，耳畔飘过海水冲刷海滩的沙沙声；时不时会有果蝠从头顶掠过，留下一串凄厉的鸣叫声；不远处一只蜥蜴昂首挺胸侧着脑袋打量着一群黄皮肤黑眼珠的不速之客，随后便"嗖"的一声消失在浓密的灌木丛里。一切都显得静谧、诡异和莫可名状。

"小住几天就是度假，长期居留等于坐牢……"

同行的张永明兄是个生活阅历丰富、说话诙谐幽默、为人大气坦荡的上海男人；他时不时甩出几句地域性很强的俚语和段子，总能让人忍俊不禁。

前两年我去斐济和南非的时候，脑子里也同样闪过这么个看似滑稽可笑的疑问。斐济的马鲁瑞奇岛和南非的罗本岛，前者是电影《荒岛余生》的外景地，后者是黑人领袖曼德拉在开普敦的囚禁地。联邦快递员通过自制木筏拼死逃离孤独而又令人窒息的荒岛，曼德拉则通过放弃部分权利来换取与他人交流的时间。原因就在于人类是群居动物，有着强烈的社交和探索外部世界的欲望。

……

碧海蓝天、白沙椰影、珊瑚美食、落日余晖是马尔代夫所有旅游小岛的标配，莫凡彼岛也是如此。该岛由珊瑚虫遗骸堆积而成，平均海拔不过两米，岛上的生活物资完全靠主岛输入，生活用水也依赖于海水淡化技术。

环岛一周不过 30 分钟，但是，麻雀虽小五脏俱全；岛上的软硬件配套几乎无可挑剔，每栋别墅均设有私人泳池和大型户外甲板，可直接通往波光粼粼的大海。每套水屋还铺设有巨大的透明玻璃地板，可以在房间的走廊里欣赏到令人叹为观止的海洋生物。

游客还可以在餐厅品尝美味佳肴的同时，一并欣赏印度洋波澜壮阔的绝美景色。对于久居城市的人们而言，吸引力自然就无须赘言了；小住几天无疑是放飞自我、愉悦心情的不俗享受。

北纬5.5的饕餮美食

莫凡彼岛用来吸引游客的除了热带海岛的自然风光外，美食也是不可或缺的部分。主餐厅取名马尔凯餐厅，是岛上最大的餐厅，可以同时供一百多人享用自助餐。该餐厅完全由竹子搭建而成，一面靠墙三面透风、屋檐高翘、厅堂宽敞，四个支点托起数百平方米的穹顶，凸显力学原理和错综复杂的几何结构。该建筑由波兰著名建筑师设计，屋顶檐篷的元素取自中亚文化。

海鲜餐厅的设计灵感来源于海洋贝壳类生物，远远望去就像巨大的扇贝抑或砗磲静悄悄地趴在潟湖的圆形平台上，原木框架和片瓦屋顶结构，墙体采用全透明玻璃，游客可以一边享用海鲜大餐，一边欣赏印度洋潮起潮落的瑰丽景色；一条巨大的鲸鱼骸骨横亘在餐厅正前方，引来好奇的孩子们阵阵骚动。

北纬 5.5 是一家西餐厅，建筑构造十分奇特，两排桅杆高高耸起，俨然一艘整装待发的帆船。入夜，灯光璀璨，映入无边泳池的倒影灿若星河。

……

在马累住了一晚，第二天早上五点多就被拉到机场，乘坐第一班水上飞机前往莫凡彼岛。水上飞机对于马尔代夫这样的岛国而言，普通得就跟城市里的出租车一样；在码头上一溜烟地排着队。驾驶员穿着拖鞋上飞机，光着脚丫子在油门和制动系统之间来回切换；螺旋桨发动机的轰鸣声震耳欲聋，坐在逼仄的机舱内，感觉每一块铁皮都在颤抖。身后的一位漂亮姑娘吐到花容失色、前后判若两人。忽然想起几年前去新西兰皇后镇跳伞，乘坐的那架瘦不拉叽的黄皮小鸟，与这架水上飞机有得一拼，每次上天入地都像在刻意招惹死神……

原本想上岛后的第一餐就去海鲜餐厅大快朵颐，结果被告知，该餐厅只在晚上对外营业，中午只有自助餐和西餐可供选择。

"你们想吃什么呢？"同行的丁老师原本是上海某高级中学的语文教师，后来去了广播电台做播音主持，工作环境虽然变了，但说话的神态和语气却丝毫未变，就如同当年站在讲台上让同学们举手发言一样，语调不紧不慢，娓娓道来。

"去西餐厅吧！"我不假思索地说，"自助餐要自己动手，比较麻烦，远不如西餐厅来得简单方便，还可以小酌几杯。"

没想到这一不走心的选择，北纬5.5成了我们日后几晚的定点餐厅，一来这家餐厅的烤牛里脊和烤羊排不但量足，而且外焦里嫩，香气四溢；嚼在嘴里，奶味十足；烤大虾岂止食材新鲜，火候拿捏也十分到位；蔬菜色拉碧绿生青，装盘相当考究；二来莫凡彼岛上的消费十分昂贵，还不包括22%的税费。

但是，相比之下西餐厅的消费要比马尔凯餐厅的自助餐便宜一些。伸头是一刀，缩头也是一刀。于是，我们在岛上连续吃了四顿烤牛排。

每天下午四点，该岛的巧克力屋会免费为游客提供干果糕点和冰淇淋。现磨一杯咖啡，坐在沙滩的靠椅上，海风习习、椰树摇曳，看着寄居蟹背着沉重的海螺壳在沙滩上匆匆爬过，任凭思绪在时空穿梭中来回飘荡，远处是一望无际的印度洋，眼前是两个德国萌娃在追逐嬉戏……

暗流涌动的海底世界

马尔代夫是世界浮潜爱好者的圣地，尤其到了莫凡彼岛，如果你不体验一下浮潜，你根本不会了解海底世界有多么精彩。即便丁老师是个旱鸭子，但是，她对浮潜还是心心念念相当执着，更何况早在国内的时候她就把浮潜设施准备得妥妥的。

那天一大早，多云天气，海上风浪也不大。但是，我心里还是不停犯嘀咕："绝不能带她去专业的浮潜海域，那里不但水深，而且还有暗涌，万一有个闪失，后果就很难想象了……"

"要不咱们去桥墩那边靠近沙滩的海域吧？"我的理由是桥墩下面有遮阳处，可以遮挡部分紫外线，而且海水相对比较浅。

"好呀！"丁老师把自己包裹得严严实实，外面还套了一件红色的救生衣。在海水的浮力下，只有半个脑袋露在救生衣的上方。远远望去，就像一个贪玩的学生刚刚放学就把书包扔在

莫凡彼岛酒店入口

了操场的跑道上。

　　丁老师还是个照片控,走到哪儿都要美美地拍上几张,并在第一时间发朋友圈,于是我成了她的御用摄影师。好在我有多年新闻从业经历,对摄影并不陌生。

　　由于受光线折射的影响,要想用手机在水下拍照是相当困难的。唯一的办法就是在水面上打开按钮,然后潜到水下进行拍摄。

　　站在桥上居高临下,海水就像透明的果冻,缓缓流动、波澜不惊;蓝绿相间的青鲸鹦鹉鱼成群结队穿梭其中。当你潜入水中,问题就来了。其一,海底暗流十分湍急,再加上水的密度很高,难以下潜;其二,海床上全是尖锐突兀的珊瑚骸骨,尤其在深水区要想站稳相当不易。

尽管莫凡彼岛海底状况十分凶险,但眼前的自然生态却相当令人震撼。眼斑双锯鱼、马夫鱼、鳃斑刺尾鱼、笛鲷、小丑鱼等热带鱼类花花绿绿一大片,在珊瑚礁之间来回穿梭。一条幼鲨从身边掠过,还不忘回头用眼睛扫了我一下。

不远处一群斑马鱼瞪着两只小眼睛好奇地打量着我,可能误以为我是同类。当它们看清楚面前是一张铜盘大脸时,"刺溜"一声,眼前只留下一条宽宽长长的气泡隧道。斑马鱼身体修长呈纺锤形,头小吻短,全身有深蓝色纵纹,成群游动时如非洲荒原上的斑马群。据说斑马鱼和人类基因有着87%的高度同源性。

忽然,心头一惊,脚底踩在软绵绵的东西上,以为是海蛇或者海鳗。低头一看,原来是一只硕大的海参。全身乌黑,光秃秃的背上闪着红蓝渐变的星星点点,好像是在警告其他海洋生物:"别碰我,我有毒!"

我费了一番周折终于把它抓了起来,原因是海水的浮力实在太大,不是手脚并用,根本没办法潜到海底。

原本有着30多厘米长的海参,在我的手掌里瞬间蜷缩成圆滚滚的鸵鸟蛋,吻部不停地吐出白色的丝状黏稠物。据说当海参受到威胁时,会本能地吐出内脏来吸引掠食者以求得脱身,无疑这只海参把我当成了掠食者。

"得了,回你的海族馆去吧。"我一个猛子下去把这只海参轻轻地安顿在珊瑚礁底部的洞穴里,以免下次再被潜水者打扰。等我游上岸时才发现,手上和膝盖上全是被珊瑚礁划得血淋淋的伤口；身上伴有多处刺痛，这无疑是被水母的触须蜇过几下。

美到窒息的落日余晖

马尔代夫之所以深受世界各国游客，尤其是中国游客的喜爱，关键在于它的超凡脱俗和宁静避世。它不同于普吉岛、巴厘岛等旅游目的地那样熙熙攘攘充满烟火气。马尔代夫现有接待能力的岛屿以前多为无人居住的荒岛，先植绿再开发已经成为马尔代夫开发荒岛旅游资源的模式。因此，只要有珊瑚礁、有沙滩、有潟湖、能植绿，即便再小的荒岛也能开发成高星级的旅游度假村。

马尔代夫的旅游度假村大多由沙屋和水屋构成，顾名思义，沙屋是建造在沙滩上的别墅，水屋则是由沙滩向潟湖延伸的吊脚楼。这样的建筑风格和理念，比起吹沙造地来得更加环保和颇具可复制性。我们乘坐飞机前往马累的印度洋海域时就目睹了这一盛况。从高空俯瞰，马尔代夫不愧为印度洋上的明珠：苍翠的群岛镶嵌在蔚蓝色的洋面上，五彩斑斓、赏心悦目。

虽说马尔代夫的岛屿有大有小，但建筑风格如出一辙，唯一区别就在于房屋的外形和功能设施的配套上。日落时分，夕阳下的印度洋风平浪静，透过飞机的舷窗向下俯瞰，整个海平面就像被风吹皱的绫罗绸缎，色彩缤纷的珊瑚岛错落有致地镶嵌其中。尤其是那些特立独行、形态各异的水屋在逆光中熠熠生辉，尽显科幻本色。

酒店内的夜景

海岛旅游，日出日落是一大看点，莫凡彼岛也不例外。因此，我们在预订酒店的时候，订了两晚看日落的沙屋和两晚看日出的水屋。尽管在岛上什么地方都能看到日出日落，但是，坐在绿树环抱的沙屋的阳台上，看着逐渐走向沉寂、遁入深邃的印度洋，也是一种不俗的体验。

那天傍晚去西餐厅吃饭，觉得时间尚早，于是来到沙滩边的躺椅上小憩。眼前的海域是鲷鱼的狩猎场，只听到水面上噼啪作响，这是鲷鱼用尾巴拍打水面的声音，目的是要把沙丁鱼全部赶进伏击圈，与海豚和虎鲸集体狩猎的情形如出一辙。成群的沙丁鱼为了逃命，纷纷跃出水面，泛起一片片银白色的耀眼光斑。

极目远眺，湛蓝的海平面已被夕阳余晖涂抹得金光灿灿，丝丝絮絮的云彩火烧火燎，犹如振翅的凤凰；在印度洋的珊瑚岛上，我们邂逅了一场落日熔金、美到窒息的瑰丽天象。

田岛先生

万座毛海景

田岛先生是一位出租车司机，全名叫田岛义规。

今年三月的最后一天，我们从上海去日本冲绳，一连几天都租用田岛先生的出租车。田岛先生已经六十好几了，但是，搬起行李来干净利落，犹如提刀切瓜一般轻松，在他身上烙下的岁月印痕并不明显。

田岛先生开的是一辆丰田老爷车，称它老爷车，是因为车子已经开了十多年了，里程显示 70 万公里，比咱们国内的出租车平均行驶里程还多。然而，即便如此，老爷车的车况却依然出奇的好，车内环境也十分整洁。

与众不同的是在副驾驶的挡风玻璃前，贴满了许多漂亮的小照片和有趣的卡通小公仔；乍一看，以为自己穿越到了童年时代。

田岛先生给我们的印象是敦厚儒雅的，脸上总是挂着微笑。每次到达景点时，他都会关照我们一些游玩的诀窍，以及他的车停在哪个位置更便于我们上车，一切都交代得明明白白。

其实，对于田岛先生的了解，我们是从网上开始的。因为，此前朋友去冲绳时，也租用了田岛先生的车子，彼此留下了不俗的印象。田岛先生是个思维缜密的人，在我们规划旅游线路时，他总能及时提供恰到好处的建议，甚至把我们在冲绳旅游时间段的天气状况一并发给我们，以便我们做出合理的安排。

那天去古宇利看海，回程中我希望能拍一张海中礁石的

出租车内承载着许多故事

照片。田岛先生二话不说,开着车就往海边走,结果来回兜了好几圈,就是找不到通往海滩的道路。事后,田岛先生十分自责,说是自己对该地区的路况不太熟悉……在结算车费的时候,我们尽量往宽里算,而他却更愿意替我们省钱;是否要走收费高速公路,他都会事先征求我们的意见,这份默契让我们感觉相当美好。

4月2日中午,我们去当地的海鲜市场,顺便请田岛先生一起共进午餐。田岛先生也落落大方地欣然接受。

这个海鲜市场在当地十分有名,被誉为"冲绳的食堂"。许多中国游客慕名而来,楼下可以选购活蹦乱跳的海鲜,楼

守里城

上就能加工成美味佳肴,再来一扎冰镇啤酒,三五知己小酌怡情,惬意极了。

我们边吃边聊,有说有笑,虽然语言沟通不太流畅,但全然没有生疏的感觉。

四天之后,我们离开冲绳;田岛先生把我们送到机场,并拿出一份礼物送给我们。打开一看,是一对精致的陶杯,这种手工制作的杯子在当地并不便宜。

……

时隔两个月,我们再游日本。这一回在东京小住两日后前往富士山,请下榻的酒店前台帮我们预定了一辆出租车,送我们去高速巴士车站。

十多分钟后,出租车开进长途汽车站。按计价器显示,车费是 1520 日元,但司机却坚持只收 1200 日元,原因是途中不小心开错了一个路口，绕了一点点路……

说实在的，对于东京的路况我们并不熟识，320日元相当于20元人民币，即便不告诉我们，我们也是木知木觉的。然而，这位叫广田丰的司机坦承了自己的疏漏，并不占乘客一点便宜的做法，让我们原本的思维定势受到了不小的冲击。

从两件出租车小事管窥日本社会的公民道德素养，我忽然明白，为什么那么多国人喜欢到日本去旅游和购物。因为，日本治安良好、没有那么多坑蒙拐骗的案件发生；当地的老百姓非常热情，也相当有礼貌；在购物方面你也用不着提防谁会宰你，日本政府明令禁止恶性竞争，所以从星级酒店到路边杂货铺，同样的商品其价格相差无几。

日本社会的精细化管理在世界上是首屈一指的。日本在实现经济发展的同时，十分注重一般家庭的生活水平和整个社会风气的同步提高，在《联合国人类发展报告》的世界最佳生活品质排名表中，日本长期位居首位。

窥一斑而见全豹，我们从田岛义规和广田丰两位普通出租车司机的服务实践中，不难看出日本社会以人为本、追求道德完美的发展要义。这或许就是这个人口众多、资源匮乏的岛国，依然能够在科技、创新和人文领域领先世界的源泉所在。

濑户内艺术之旅

天使之路

如果不是去参观"2019 濑户内国际艺术节",我对安藤忠雄这个人一无所知;后来查阅了相关资料,才知道安藤忠雄是日本著名建筑师,他在国际上的知名度不亚于建筑大师贝聿铭。而对于草间弥生我是有所了解的,因为在她的身上有很多标签——精神病、自杀者、艺术家和怪婆婆。她的作品曾参加过上海艺术博览会,还经常在国内的拍卖市场探头露脸。说实话,我并不喜欢她的作品,因为她的作品色彩浓艳、叙事简单、偏重于装饰效果,十分接近儿童画。

金秋十月,飞机稳稳地降落在素有晴朗之国美誉的冈山县,这里是我们换乘 JR 前往直岛的必经之地。冈山县位于日本本州西南角,面向濑户内海,境内地热资源丰富,是著名的"汤乡"。这里盛产葡萄、桃子和奶酪,也是日本民间故事《桃太郎》的发源地。

日本是一个高度精细化管理的社会,交通出行十分便捷,海陆空都能做到无缝衔接。约莫一小时光景,火车停靠在宇野站,我们将从这里换乘海上交通前往直岛,开启"2019 濑户内国际艺术节"之旅。在宇野市的港口,一条用彩色废旧塑料架构起来的黑鲷鱼伫立在港口的一隅,硕大而又显眼;这个装置艺术所表达的语境不言而喻。

"濑户内国际艺术节"展期跨越春夏秋三季共 107 天。这里的岛屿曾经工业繁荣,随着产业老化、人口外迁,大片土地和房屋几近荒芜。日本香川县政府决定采用"艺术救市",邀请全球艺术家、设计师、建筑师来岛上举办艺术展,并于

黑鲷鱼

2010年创办首届"濑户内国际艺术节",此后每三年举办一次,至今已举办了四届。

安藤忠雄和他的钢筋混凝土艺术

在直岛 Benesse House 和地中美术馆,我们认识了安藤忠雄。

走进下榻的酒店,冷不丁还以为走错了地方,举目四周都是未加粉饰的清水混凝土;细腻平整、棱角分明的墙面上豁开一条窄窄的长方形口子,与墙外透射进来的自然光形成互动。这是安藤忠雄依据真材实料、几何图形和原始自然"建筑三要素"设计的"原型空间"。

"我们在设计一处建筑物的时候,需要考虑环境和地点,当人们通过这处缝隙看到外面的风景时,他们会被触动。"安藤忠雄认为,"建筑不应该是商业,而是可以让人感动的艺术。"

在地中美术馆我们终于读懂了安藤忠雄设计"毛坯房艺术"的理念。地中美术馆是一座依据山形、崛地而建的大型地下空间,安藤忠雄摒弃了把建筑物竖立在地面上的外观设计,而是将其构建于地下。按理说这样的建筑应该类似于一座幽闭昏暗的钢筋混凝土防御工事,但是,安藤忠雄通过开阔的天井和墙面上长距离的豁口,将自然光线、风和树木完美地融入建筑之中。

纵览安藤忠雄的作品,光永远是一种把空间戏剧化的重要元素。他通过将自然和光引入那些与城市环境相隔离的简单几何体中,以创造出复杂的空间;他把非凡注入最为平凡和熟悉的环境之中,并以此促使人们重新认识平凡。

地中美术馆就是安藤忠雄建筑与自然之间相互影响的代表作。他采用混凝土、钢材、木料和玻璃四种原始材料,并以极其简约的方式设计建造而成。在这里,光是最重要的元

安藤忠雄的地中美术馆

素和媒介,于是,在光的传导下,艺术家瓦尔特·德·玛利亚向我们展示了一个具有严谨尺寸的作品空间,并在空间内安置了一个直径 2.2 米的球体和 27 座镀金的木质雕塑。随着时间和光影的推移,作品的表情也随之发生微妙的变化。

即便地中美术馆建于地下,但是,由于安藤忠雄的巧妙设计,使得自然光源能够穿透沉重的钢筋混凝土缝隙,让我们可以凭借自然光线欣赏到莫奈晚年的五件睡莲作品。据说整个展厅的大小、设计风格以及材质的运用都是为了能让莫

奈的绘画与展示空间融为一体而设定的。

值得一提的是，安藤忠雄设计建造的"原型空间"大多为本色材质、原始状态。人们不难从他的设计理念里寻找到答案："也许因为墙面是平的，它诱使人们在上面涂画。然而，这种引诱应该被抵制，涂鸦的墙面被剥夺了材质的意义；在成为标记的同时，它丧失了自我的存在。"

1941年，安藤忠雄出生于日本大阪，1969年创立安藤忠雄建筑研究所，作品有"住吉长屋""万博会日本政府馆""光之教会"等。安藤忠雄从未受过正规科班教育，开创了一套独特、崭新的建筑设计风格和理念，对清水混凝土建筑情有独钟，成为当今最为活跃、最具影响力的世界建筑大师之一。

"怪婆婆"草间弥生和她的大南瓜

香川县直岛町上常年种着两颗巨型南瓜，一颗红色的南瓜横卧在宫之浦的轮渡口；一颗黄色的南瓜则慵懒地坐落在积浦的海边。远远一瞥便知这是草间弥生的波点作品。

那天从宇野市的筑港乘坐渡船前往遥相呼应又一水相隔的直岛，直岛是"2019濑户内国际艺术节"的主会场。这里集中了李禹焕、安藤忠雄、户高千世子、藤本壮介和草间弥生等一批艺术家的前卫艺术品，尤以草间弥生的波点南瓜最抓眼球。

草间弥生的波点南瓜

认识草间弥生是从她的作品开始的。2013年和2014年连续两年她在上海举办了"我的一个梦"和"灵魂的波光"展览,尤其是她的代表作《波点南瓜》系列很受观众喜爱。随之她的作品也受到了拍卖业界的追捧。

草间弥生出生于日本长野县松本市,幼年时开始被大量幻觉困扰,因而时常产生自杀的念头。十岁时在爷爷家的农场里遇到一颗连着藤蔓的南瓜,接下来这颗南瓜就开口跟她说起话来。这种事情听起来十分诡异,但是,对于经常出现幻听幻视等神经性视听障碍的草间弥生而言,这是真真切切的感知和存在。

草间弥生在大肚子的南瓜里感受到了安全感,她说:"它们摸起来很柔软,颜色和形态又十分有趣。"从此,她一直不间断地以南瓜作为创作题材。于是很多人通过草间弥生的波点巨型南瓜认识了直岛。这个大肚子南瓜,有人从中看到了孤独,有人则感受到了温暖;尽管各自感受不同,但这并不妨碍文艺青年们千里迢迢奔赴而来,和网红南瓜亲密拥抱的热情。而静静地坐落在日本直岛海边的那一颗南瓜大概是受到最多游人的宠爱,一度成为密集恐惧症患者的治愈景点。

我们下榻在直岛 Benesse House,走进酒店抑或推开窗户都能感受到无处不在的艺术气息。安藤忠雄设计建造该酒店时,在走廊、过道、庭院抑或天井里,给具有探索精神和奇思妙想的当代艺术家留下了大量的创作空间。站在阳台上,你还能从一点钟方向看到草间弥生的波点南瓜。

我们一行为了避开国庆小长假,提前两天来到直岛,因为,在直岛参观博物馆是需要提前预约的。为了提高游客的观展体验,博物馆会严格控制人数和批次。由于我们走在了人潮到来之前,所以参观博物馆犹如进入无人之境,人少、清净,还可以与艺术品亲密接触,观展效果出人意料的好。

即便是平时需要排队合影的波点黄南瓜,此时也是形单影只,坐在海边静静地看着日出日落,聆听着潮汐拍岸的声音。

一个月之后,我们又来到了福冈美术馆。拾级而上,首先跳入眼帘的就是草间弥生硕大的波点南瓜。一样是游客如梭、一样是拍照留影、一样是流连忘返。草间弥生成为日本当之无愧的文化符号和家喻户晓的"圆点怪婆婆"。

"濑户内国际艺术节"除了看安藤忠雄和草间弥生的作品外,"海之驿站""布纳库木偶""快乐的蛇""直岛居民礼堂""丰岛美术馆"等诸多本土和域外艺术家的作品也是光点闪烁,可圈可点。大量前卫的现代作品通过自然、时间、文化和历史,向观众展现身临其境的无穷魅力。

然而,遗憾的是2021年8月9日上午十点半左右,直岛上那只标志性的黄色南瓜被九号台风刮进了海里。

一半是海水 一半是沙漠

棕榈岛一隅

波音777经过十一个小时的长途飞行，终于稳稳地降落在八千公里之外的阿布扎比国际机场，这已经是我第二次踏上阿联酋的土地，为了去参加一场别出心裁的婚礼。

一波三折的沙漠酒店

我曾经在2010年的春节来到过阿拉伯联合酋长国，当时由于国内旅行社和迪拜地接社的沟通有误，结果大年初一就耗在了迪拜国际机场，整个过程犹如港片里的偷渡客，忍饥挨饿、提心吊胆，从此在心里烙下了阴影。

说实在的，我也一度比较困惑，孩子为什么要把婚礼安排在这片曾经沧海的荒漠之上？据了解，我女儿为了给自己安排这场婚礼，已经与阿布扎比安娜塔拉沙漠酒店沟通了半年之久，从婚礼流程到客房饮食，从化妆摄影到商务用车，以及婚礼之后所有来宾的下榻酒店和旅游线路安排……在我眼里永远长不大的孩子，却在一夜之间变得成熟老练起来了。

有朋友问我，为什么这类流程并不复杂的婚礼安排需要沟通半年时间？原因是阿联酋哪像上海的工作节奏那么快，你要他们回一封邮件需要一两个星期，中间还要避开周末和休假。然而，他们逐级上报的行事风格倒跟咱们有得一拼，这也是办事拖沓的原因之一。

然而，启程前一星期，忽然接到该酒店的邮件："由于不可抗力的原因，所签合同无法执行云云……"这是愚人节的段子么？显然不是。

　　经过多方打听，该酒店被皇室征用，具体情况就不得而知了。这家酒店给出两个解决方案：其一，全额退款；其二，由该酒店重新安排另外一家同星级的沙漠酒店来完成后续事宜……

　　我们自然选择了后者，对于中国的传统家庭而言，婚礼形式与黄道吉日的契合是十分重要的，无端改变婚礼日期，很容易给日后的生活留下阴影。更何况一众亲朋好友的机票已经订好，不是说退就能退的。但是，孩子的心里总有点不乐意，原来的酒店所处的环境要优于后者，主要是安娜塔拉沙漠酒店周围的沙子是红色的，每当落日西沉，整片沙漠犹如烈焰升腾，在这样的环境里举办婚礼，象征性意义就无须赘言了。然而，眼看自己半年多的努力化为泡影，高兴不起来也在情理之中。

　　……

　　走出机场，远远望去，三个人高马大的中东男人举着牌子在出口处等候，据说他们是凌晨三点钟从阿布扎比安娜塔拉沙漠酒店出发，为了把我们一众十多人送达迪拜巴布铝沙姆斯沙漠度假村，这让我们小小地感动了一把。估计该酒店考虑到留给我们的时间十分有限，更何况他们在处理这件事情上是有瑕疵的，因此，希望通过两家酒店的接力来弥补缺憾。

　　三辆SUV从机场出发，不久便一头扎进了茫茫荒漠。除了一条通天大路，沿途基本没有建筑物和植被，公路两旁沙漠里不时闪过花花绿绿的塑料瓶，一看便知这是一条成熟的旅游线路。一个多小时后，眼前出现了一片绿洲，司机告诉我们前面就是目的地了。

车子在公路尽头原地掉头，毫不迟疑地一头扎进对面土黄色的建筑群里，这就是巴布铝沙姆斯沙漠度假村。如果你站在远处，这里就是一望无际的沙漠里的一个小沙丘。然而，当你洞开沉重的芝麻大门，阿里巴巴的精彩世界便展露无遗。

巴布铝沙姆斯沙漠度假村地处阿布扎比和迪拜的中间，是典型的前不着村后不着店的一家国际五星级酒店，为两层和三层错落有致的庭院式建筑；建筑的外墙清一色土黄，是黄沙和黏合剂综合后的产物。酒店没有围墙，与周围的自然环境融为一体。酒店的设施一应俱全，出色的服务推送是这家酒店吸引各国游客的招牌。

然而，沙漠酒店不是浪得虚名的，何须狂风大作，只要微风徐徐，你就能感受到沙子的无孔不入。由于十多个小时的交通接力，此时的我们已是饥肠辘辘、人困马乏，在酒店餐厅里简单用餐后，便找了个躺椅沉沉地睡去了。

我还算有点先见之明，找了个泳池边上背风的地方小睡一会。结果，醒来之后已是灰头土脸，放在一旁的鞋子除了鞋帮裸露在外，其他均已被沙尘"蚕食殆尽"，周围还围着一群黑不溜秋的小鸟，用尖硬的喙啄食着像蚯蚓一样的鞋带……

沙漠剪影

别出心裁的沙漠婚礼

　　一夜无梦,昨天长途跋涉的疲态早已荡然无存。天刚蒙蒙亮,就与好友张永明走出酒店,来到沙丘之上。地表的植被上覆盖着一层晶莹剔透的露珠,举目都是偶蹄目动物相互追逐时留下的脚印,说明这里有着一个环境友好型的生态系统。据酒店工作人员介绍,因为酒店不设围墙,所以每天都有小动物前来草坪觅食,人与自然和谐相处。尽管这里属于干燥炎热的沙漠气候,但此刻人的感觉还是凉飕飕的。

　　随着太阳慢慢升起,原本灰蒙蒙的天空也随之变得湛蓝湛蓝;望着眼前连绵不绝的沙丘,任凭白云从额前飘过。今天注定是个好日子!

　　……

　　都说嫁女儿对于父亲而言,是一件比较纠结的事情。但

哈利法塔

是，自从孩子留学英国带回一个英国同学，对此我保留看法，但并不加以干涉。一来孩子的母亲走得早，平时一个人略显孤单，二来孩子也到了谈婚论嫁的年龄，应该有自己的婚姻选择和责任担当。因此，对于她主张去阿联酋举办沙漠婚礼，我稍加迟疑后也持乐观其成的态度。只是苦了我的一众朋友，长途奔波、钱财遭殃。

下午，鲁卜哈利沙漠就像人类的情绪一样，大喜过望之后很容易忘乎所以。早上还是风和日丽，到了傍晚就风势渐强，即便可以吹乱我们精心打理的发型，却未能吹乱我们充满期待的好心情。整个婚礼程序按部就班、井井有条。唯一让我心情沉重的是看到孩子孤身一人穿着婚纱从她的房间走向婚礼现场时的情景，我不淡定了——形单影只、楚楚可怜等词汇一下涌上脑海；更何况又重又长的婚纱就像抹布一样，几百米拖下来，地上干净了，婚纱散架了。

"待在这里别动，我去叫几个人过来帮忙。"

结果，过去帮忙的人又与她走岔了。当我接到电话准备返回时，看到酒店工作人员站在远处拼命朝我挥手，意思是："新娘过来了，新娘过来了……"

远远望去，只见孩子提着洁白的裙摆深一脚浅一脚地已经走到了草坪中央，犹如嫩绿色的氛围里盛开着一朵洁白的马蹄莲，纯净无瑕、煞是好看。

……

日落时分，夕阳西下，此刻的鲁卜哈利沙漠犹如镀上了

落日余晖下的幸福之门

烤全羊烩饭

一层厚重的金黄色。我终于明白孩子为什么不按常理出牌,她执意要站在天地之间,让神圣的婚姻回归荒漠、融入自然,以无为的生命状态来诠释"自然无为、天人合一"的哲学思想。这个不走寻常路的安排,不但还原了人类千百年来对于婚姻最原始的解读,也增强了婚礼最为神圣且不拒鬼神的仪式感。

　　一条长长的大红地毯从草坪一直铺到几十米开外的沙丘高台,幸福之门鲜花缠绕,柔美的音乐在风中萦绕,似乎一切都是最好的安排,一切都显得宁静安详与美妙。太阳渐渐从幸福之门的高处滑落,此时的天空彩霞满天,远处一排骆驼缓缓走过;此情此景简直美到窒息。

　　……

"当你们发现厨房里少了一把菜刀，千万不能轻易上床⋯⋯"这是男孩子父亲在婚礼致辞上的一段词汇。意思是当你们小两口产生矛盾时，千万不能让这个矛盾过夜。英国人的幽默感是与生俱来的，说话也说得大家一愣一愣的。

"希望你们能够采用安理会的议事规则，理解包容，经常糊涂；这样才能携手并进，把小家庭打造成百年老店⋯⋯"

来自两个不同国家、不同文化背景和不同宗教信仰的家庭说出来的话却是惊人的相似。由此可见，深感迷茫的"八零后一代"，决不是中国孩子所独有，而是整个世界年轻人的普遍现象。

整个仪式约莫持续了四十分钟。当太阳落尽，西边的地平线犹如烈焰升腾，把半边穹顶烧得通红⋯⋯

晚上的婚宴是阿拉伯餐，餐厅安排在酒店的制高点，说是制高点，其实也就是三层楼的露台。由于周围没有其他高的建筑物，因此，整个鲁卜哈利沙漠一览无余。头顶一勾新月和满天星星，耳边不时拂过沙漠特有的带有节律的风声；嚼着阿拉伯烤肉，喝着法国香槟酒，说着听得懂和听不懂的语音，觥筹交错、喜气洋洋。一场别出心裁的沙漠婚礼举办得神圣、简洁，又不乏温馨和浪漫。

阿布扎比遭遇黑心司机

对于一个结婚就能分房、生孩就有补贴、全民免费医疗、

教育国家全包的国度而言,国民的工作意愿就不会很高,虽说高福利是件十分诱人的事情,但它一定是有弊端的。就如同网民戏言"阿联酋什么都缺,就是不缺钱",这绝不是褒义的词汇。

在阿联酋,你很难看到当地居民从事服务性职业,这类基础性工作大多由政府引进的外籍劳务工来解决,建筑行业

鲁卜哈利沙丘

和出租汽车行业首当其冲,几乎百分百用的是外来劳工,又以亚裔和非洲裔居多。对于总人口927万、人均GDP超过37000美元的国家而言,她的国民自然不愿意从事繁重的体力劳动。

这不禁让我想起上海这座城市,处理城市垃圾的和洗碗送外卖的大多来自外省市的农民工。本地居民已经不屑于做此类"吃力不讨好"的事情，除了观念上有落差，更主要的是经济基础相对稳定、无须为五斗米折腰。他们宁愿打打扑克搓搓麻将、天南地北海阔天空……这与阿联酋的社会现状异曲同工。

阿联酋是个富得流油的国家，结了婚的女人基本不用上班，男人参与的都是社会管理工作；但是，对于一个崇尚自由的游牧民族而言，能够用钱摆平的都不是事情。更何况社会管理工作永远充满着不确定因素和面临出其不意的挑战。尤其是外籍劳工的素质参差不齐，生活习惯以及观念冲撞时有发生。有些来自战乱国家的难民，从地狱来到天堂，很容易迷失方向。这无疑给阿联酋原本粗线条的社会管理增加了难度。

反观日本，今年遭遇四十年来最严峻的劳动力短缺问题。尽管如此，日本并不打算接纳难民，以缓解国内劳动力短缺的矛盾。日本更愿意通过研修、技能实习的制度安排来接纳外国劳动力，这样做的好处是廉价、有效、透明。外来劳工一旦触及法律和规则底线，随时有可能被遭返回国。

今年3月底，我们去冲绳，租用了日本司机田岛义规的出租车。几天之后，当我们回上海时，他把我们送到机场，并买了礼品赠予我们，原因是我们曾经请他吃过一顿便餐。5月底，我们在东京的一家酒店乘出租车去长途巴士站。由于司机走错一个路口，在我们不知不觉的情况下主动退还320日元……

然而，在阿布扎比就没那么好的运气了。那天晚上我们从皇宫酒店出发，分坐两辆出租车夜游谢赫扎伊德清真寺。

结果前面那辆车已经到了二十分钟了，而我们乘坐的那辆出租车还围着大清真寺转圈。前面那辆车上的朋友生怕我们遭遇不测，电话一个接着一个地打过来。于是，我们就问那个个子矮小的黑人司机怎么回事。据他说是因为晚上封路，所以要绕一点路。等我们下车后一核对，原来那个自称海地难民的出租车司机摆了我们一道，一看两个傻不拉叽的黄皮肤的亚洲人肯定两眼一抹黑，于是，载着我们一路看计价器噌噌噌地往上冒泡。时有耳闻国内出租车司机宰客手段层出不穷，没想到在不缺钱的阿联酋同样也会遭遇宰客手法如此娴熟的老司机。

……

宽泛一点来说，阿联酋和日本同属于经济高度发达的资本主义国家，但是，它们有着截然不同的社会意识形态和国家层面的制度安排。阿联酋是一个地广人稀的国家，社会发展严重依赖国外劳动力的引进。贵族共和制的政治体制也给社会统一管理烙下了硬伤。再加上阿联酋成立于二十世纪七十年代，是一个年轻的国家，管理经验欠缺也是不争的事实。

日本就不同了，从三世纪中叶的"大和国"到十二世纪的"幕府统治时代"，再到"明治维新"，在迅速跻身资本主义列强行列的过程中，日本从未停止过社会约束机制的完善和精细化管理的探索。今天的日本不但在环境保护、资源利用等方面堪称世界典范，其国民普遍拥有的良好教育、极高的生活水平和良好的综合素养，应该说是与整个社会长期推

崇法治、恪守规则的治国理念一脉相承的。

出租车行业是一个城市的流动窗口,它直接反映了这个社会的文明程度和制度优劣,也反映出一个国家或者地区社会综合管理的水平。窥一斑而见全豹,当我们推开窗户,帆船酒店和富士山的风景注定是不一样的。

夜游大清真寺

曾经在斐济南迪遭遇扒手,400多美元悉数打了水漂,

大清真寺夜景

好在护照妥妥地躺在裤兜里,不然有可能在异国他乡流落街头;曾经在肯尼亚马赛马拉国家公园的酒店里食物中毒,肚子痛到想请狮子帮帮忙的念头都有;曾经在泰国遭遇强制消费,让你整个行程形同鸡肋……人在囧途身不由己,经历多了,神经也就大条了。即便在阿布扎比被黑心司机宰了一刀,心里咯噔了一下也就过去了,毕竟夜游大清真寺才是此行的目的。

阿布扎比大清真寺全称为谢赫扎伊德·本·苏尔坦阿勒纳哈扬清真寺,这是阿联酋第一位总统的名字。该清真寺正是为了纪念这位已故的阿联酋总统而兴建，又名谢赫扎伊德清真寺，由于名字太长不易传诵，当地人和游客都改称其为大清真寺。

谢赫扎伊德清真寺的设计充分体现了伊斯兰风格，设计团队和建筑材料分别来自世界各地。工程造价50多亿美元，消耗黄金46吨。整座建筑全部采用产自希腊的汉白玉包裹，无论远眺近看，无不彰显该清真寺的豪华庄严和大气，而那些精美的雕刻据说全部出自中国工匠之手。主殿内的波斯地毯面积5627平方米，由1200名伊朗工人历时一年半编织而成，殿堂内悬挂着的七只号称世界上最大的水晶吊灯，则由德国定制……毫不夸张地说，谢赫扎伊德清真寺不但是世界建筑史上的杰作，更是阿拉伯世界珍贵的艺术品。

七年前我曾经来过这里。那天，微风拂面、丽日晴空，蓝天白云下的谢赫扎伊德清真寺洁白如玉、一尘不染。规模宏大的圆顶建筑群沉稳庄重、蔚为壮观，令人过目不忘。

今天，入夜后的谢赫扎伊德清真寺则多了一份梦幻妖娆的色彩；白色的灯光和投射在建筑外墙上的紫色形成强烈的色系冲撞。远远望去，整个建筑群美轮美奂、摄人心魄。尤其是外墙上大面积的浅浮雕的阿拉伯式花纹，线条委婉、相当生动。这些看似不断流动的植物图形不仅在数学计算上极为精确，而且在美学上也造诣颇深，充满着阿拉伯世界的象征性意义。

模范邻居吴咏梅的老公葛刚强是个很专业的摄影爱好者，

嚓嚓嚓的快门声从进入大清真寺那一刻起就没有停下来过。

"这么多照片怎么处理呀？"

"没关系，回去慢慢弄。"老葛冲我嘿嘿一笑。

夜幕下的谢赫扎伊德清真寺与白天的感觉是完全不同的，其一是游客比较少，不像白天那么拥挤；由于进入大清真寺无须买门票，因此这里成为所有旅行团的必游景点；其二，晚上拍照不像白天禁忌那么多，这对于老葛这样的摄影爱好者而言就是天大的福音；其三，除了清真寺的中心广场禁止走动外，其他地方都可以随便参观；而且晚上管理相对宽松，不像白天那样周围全是关注的眼神，让人觉得很不自在。白天的大清真寺主要功能是供穆斯林做礼拜，所以活动空间就有限。假如时不时再来一位大人物，那简直就是游客的噩梦了。

谢赫扎伊德清真寺是一个方形和圆形穹顶构成的建筑，建筑物的每一个立面都大同小异，就连外围负责安检的临时建筑也搭得难分伯仲。据说，方形在阿拉伯世界中代表着土、气、火、水四种同等重要的自然元素，他们认为这四种元素构成了物质世界，缺一不可，否则物质世界就会崩塌……

由于安检时我们的移动 WiFi 被禁止带入清真寺内，只能全部寄存在安检处，结果，在打道回府时我们走错了方向，以至于工作人员在寄存处翻了老半天也没有找到我们的设备。好在负责安检的工作人员及时提醒我们是否走错了方

向，我们才得以再一次横穿谢赫扎伊德清真寺，在闭门谢客之前找到归途。这也算是夜游大清真寺的一段小小插曲，虽然折腾，但也美好。

鸟瞰棕榈岛

迪拜这个沙漠城市的崛起，很大程度上是仰仗沿海地区的吹沙填海造岛工程。二十世纪九十年代，迪拜所有的沙滩均被开发殆尽。为了有效破解城市发展的瓶颈问题，当地政府决定吹填棕榈岛工程。整个工程由朱美拉棕榈岛、阿里山棕榈岛、代拉棕榈岛和世界岛四个岛屿群构成。棕榈岛是世界上最具标志性的住宅及旅游项目，被誉为"世

帆船酒店

界第八大奇迹"。

　　棕榈岛绵延12平方公里，伸入阿拉伯湾5.5公里，由一个棕榈树干形状的人工岛和17个棕榈树形状的小岛，以及围绕它们的环形防波堤三部分组成。其中朱美拉棕榈岛规模最大，只有从空中才能一窥其"庐山真面目"。为了达成这一愿望，事先我们在国内已经网约了一架直升机。

　　那天，我们在亚特兰蒂斯酒店的前台耗费了太多的时间，原因是这家六星级国际酒店其管理手段相当粗线条，面对大量涌入的旅客竟然没有与之配套的预案。而且，前台电脑还把我们预订房间的信息弄丢了，负责接送我们的专车司机只能站在一旁干着急。万般无奈之下，我们只得先将行李交由大堂行李房保管，等回酒店之后再补办入住手续。

路途劳顿、饥肠辘辘、狼狈不堪；毫不夸张地说，当时的我们就像一群刚从叙利亚逃出来的难民。没等车门关上，油门就轰的一声上去了，司机觉得留给我们登机的时间已经十分有限了。然而，当我们心急火燎地赶到直升机候机大厅，却被告知直升机要往后顺延一个班次。早说呀，我们至于那么赶吗？

在国内，对于民航客机的延误，我们早就锻炼得神经大条了。如果哪天航班开始准时了，我们反而会觉得有点不习惯。但是，到了国外，这种现象反转了，民航班机大多很准时，直升机却经常误点。年前去斐济，在托阔里奇岛预定的直升机也是千呼万唤不出来，结果整整迟到 40 分钟。酒店给出的理由也很荒唐，先是说飞机的零部件坏了，后来又说驾驶员睡过头了。搞得我们云里雾里，莫衷一是。看来靠翅膀扑腾的东西都不太靠谱。

……

说实在的，到目前为止，我还没有明白过来当天驾驶直升机的是小伙还是姑娘。说小伙吧，似乎个头长得寒碜了点，如果是姑娘，那胆子真够肥的。但见驾驶员头戴鸭舌帽，帽檐压得低低的；长发披肩，一副蛤蟆镜遮住半张脸，再加上耳机话筒之类，整张脸就没剩多少了。但是，浓缩的都是精华，别看他个头小，其驾驶直升机的技术十分老练——悬停、俯冲、拉升、飘移犹如行云流水一气呵成。哪怕载着我们一头撞向大海，也是点到为止、拉杆爬升，只留下一片惊呼声。

直升机从棕榈岛出发,飞行线路规划为一半是沙漠一半是海水,基本沿着迪拜城市的精华部分画一个大大的圆圈,这样一来,迪拜这座城市的形态就可以尽收眼底。无论是世界最高建筑哈利法塔,还是挺着大肚子的帆船酒店,乃至风格迥异的城市建筑群,在居高临下的直升机面前无一例外地都成了售楼中心的沙盘模型。只有远处地平线上慢慢升腾起来的沙尘,把整个城市和无边的穹顶之间作了横向切割,形成上下是蓝色、中间是灰色的视觉渐变。一切都显得辽阔、苍茫又不乏闲适与安详。唯有不安分的游艇在平静的海面上犁出一条条白色的弧形波浪,在阳光下扑闪着星星点点……

记得有一次去埃及旅行,当地导游穆罕默德·赛法克戏说了一个针对游客的段子:"上车睡觉,下车拍照,回到房间赶快尿尿。"虽说语言有点粗俗,但也确实相当应景。我们一行六人岂不如此,即便身体被牢牢地固定在座椅上,但六双灵巧的手左右开弓,嚓嚓嚓的快门声此起彼伏……

半个小时的飞行浓缩了迪拜从小渔村到现代化都市的发展过程。回程中,当直升机飞临棕榈岛上空时,整个人工岛犹如横卧在湛蓝色大海里的一棵巨大的棕榈树,这无疑是一棵经过艺术家精心设计和描摹的棕榈树,枝繁叶茂,令人叹为观止。

安缦的馈赠

金色池塘

席地而坐的印度村民

从1988年第一家安缦度假村在普吉岛开业，至2021年的33年中已有三十几家安缦连锁度假村在世界各地挂牌营业，中国境内迄今已有四处，佛教王国不丹则独揽五家。

安缦是一家以提供当代生活方式、远离城市烟火气为发展方向的全球奢侈品牌度假村；每一间安缦度假村的选址都是经过精挑细选的，大多位于世界最具自然和人文特色的隐秘而又宁静的地方。

安缦奇拉建在东巴厘岛的悬崖边上，可以眺望龙目岛宽阔的海峡和巴厘岛苍翠欲滴的东海岸；安缦佳沃开设在爪哇岛文化中心，周围是九世纪婆罗浮屠佛教徒的避难所；安缦伽尼位于大提顿国家公园和黄石公园之间的高山峡谷里，这里是全美最大的野生动物保护区；而摩洛哥的安缦则隐匿在马拉喀什古城的一片棕榈树和橄榄树的绿洲里；柬埔寨的安缦是由西哈努克亲王的贵宾别墅改建而来，距吴哥窟仅十分钟车程……

自然环境优美、历史人文独特，是安缦在世界各地选址的不二法则。而安缦的经营之道则是致力于营造小而精当的私密环境、努力服务高净值的小众客户，前提是你具有足够的支付能力。

2020年2月，我们从斋浦尔前往印度北部的安缦伊卡帐篷度假村，两地距离160多公里，行程需要四个小时。窗外掠过大片大片黄灿灿的油菜花，北印的春天来得悄无声息。

安缦伊卡地处拉贾斯坦邦的拉萨布罗国家公园的边缘，

是典型的前不着村后不着店的一家奢华的探险营地。汽车经过长途跋涉，在公路的一隅拐进了一条坑坑洼洼的碎石路，两旁是破旧不堪的农舍和到处乱窜的野猪。忽然，汽车被一群散养的牛犊拦住了去路，司机放慢了车速，一边摁着喇叭一边从牛群的中间蹭了过去。

按理说，安缦作为一家顶级的国际奢华酒店，其周围的配套设施应该十分完备。然而，前往安缦伊卡的路上，我们一车人都在搜寻沿途的指示牌，结果什么都没有。即便导航告知已经到达目的地，我们依然两眼茫然一头雾水，这里除了农村的碎石路以及随处可见蹲在地上的男人和头顶干牛粪的女人，就连规矩一点的建筑都屈指可数。

"就在这里！"司机把车倒了回去，拐进右边的一条岔道。这里没有路牌更没有门牌号，只有一个戴着贝雷帽的看门人和一根横在小道两端的圆形木栏杆，两旁是用黄泥垒起来的低矮的土墙，土墙的上方搁着用竹子和稻草扎成的排，与安缦在旅行者心目中的辨识度相去甚远。

然而，当车子拐进一个方方正正的天井，说是天井，其实就是一个四面用高墙围起来，容得下车子转个圈掉个头什么的；地方不大，这里是酒店上下客的地方，功能类似于酒店大堂的门口。透过天井暗红色的过道，眼前豁然开朗，安缦伊卡这个野奢度假村的品牌慢慢从酒店的服务和配套中展露。

安缦伊卡度假村每年10月至次年5月对外营业，这家

印度安缦帐篷度假村的过道

酒店共有13顶帐篷，除去酒店餐厅、图书室和SPA水疗馆，只有10顶帐篷用来接待世界各地的游客，满打满算每次只能接待二十几位客人。然而，酒店从经理、管家、厨师到客房服务员，尚不包括乐队和其他打杂的工作人员，人数已远远超过被服务的对象。安缦的收费为什么如此昂贵，原因就不难理解了。

安缦伊卡的帐篷有100多平方米，卧室、起居室、卫生间、浴室、更衣室等功能区域全部用帷幔隔开；家具由原木、石材和皮革制成，处处透露出野奢的风格。安缦在梵语里是宁静的意思，传递一种无尘、隐秘、空灵和家的概念，它的馈赠来源于得天独厚的自然环境和深耕历史人文最精彩的片段，并深深扎根于旅行者的精神层面。换句话说，全世界热衷于收集安缦酒店小物件的"安缦控"，就是在这样的环境和理念的浸润下，成为该连锁酒店狂热的拥趸。

"刷牙请您使用矿泉水，不要用自来水。"管家指了指台盆上的瓶子说。

只听说印度的自来水不能直接饮用，没听说连洗脸漱口都不行。显然这是安缦伊卡度假村为了规避风险而采取的安全举措。

去野生动物保护区探险是安缦伊卡吸引旅行者的一大卖点，拉萨布罗国家公园占地1300平方公里，是北印地区的老虎保育区，这里生活着几十只孟加拉虎和大量花豹、黑熊、鹿、鳄鱼、野猪和几百种鸟类；这里是印度生物多样性的典范，受到很严格的法律和地方法规的保护。

清晨五点多，繁星依然挂在天边，我们一行坐上敞篷越野车从酒店出发；好在管家事先已经准备好每人一件厚厚的披风，避免了一路上可能造成的麻烦。在印度，一天的温差足以让人感受四季更替，尤其是坐在敞篷车上，呼啸的寒风吹得头皮发麻四肢冰凉。

经过四个小时的艰苦游猎，除了耳畔飘过几声老虎"呃呃"的低吼声和看到地上一串深浅不一的老虎脚印，连老虎屁股都没有瞧到一眼。但是，在拉萨布罗国家公园游猎也是有收获的，这里有大量的草食动物和鸟类，给无尽的荒原增添了生命的律动。当阳光穿透树梢，洒落在枯草和落叶之上，整片原始森林被镀抹得金光灿灿。远处一群梅花鹿朝三点钟方向走过，在逆光的映衬下形成漂亮的剪影；拉萨布罗国家公园的早晨即便未见虎踪，依然收获许多美好。

住在帐篷度假村里，仿佛时间是凝固的。这里远离城市的喧嚣，除了鸟鸣没有人来打扰你；困了就睡，饿了就吃。酒店的餐食基本按照米其林的标准，兼顾个性化和地方特色；果蔬和鲜花大多来自度假村自己的有机种植，尤其是大厨们在印度香料的调制和烹饪上，简直可以用出神入化来形容。

酒店接待的游客不多，除了吃饭的时候比较集中，其他时段基本空空荡荡，即便是客房服务员也难得一见。然而，只要你离开帐篷，无论次数多寡和时间长短，当你再次回到帐篷，帐篷内已经被整理得干干净净了。

在安缦伊卡住了几天，见面最多的要数夜间引路人，他们是负责酒店范围内的夜间安全的。估计这些人都是当地的农民；腰上挂一只手电筒，手上攥着一根棍子，棍子是用来防身的，毕竟这里经常有猛兽出没。据说在我们去之前，一只孟加拉虎触发了安缦伊卡的预警系统，当时客人们正在吃饭，还没等他们反应过来，厨师已经逃得无影无踪了；由此可见，任何人在生命安全受到威胁时，其本能反应都是差不多的。

据记载，2010年8月20日，拉萨布罗国家公园内编号为T-7的雄虎越过保护区的边界，进入附近一个叫普里帕哈里的村庄咬死了一头水牛。随后被赶来的村民用石块和棍棒，把老虎砸进了浓密的庄稼地。当保护区巡视员兼野生动物摄影师德拉特·辛格赶到事发地准备将老虎赶回保护区的过程中，被激怒后的老虎咬成重伤。此后的两年半时间里，他在疗伤的过程中，写下了《我与大猫相遇后的濒死经历》一书。如今这本印刷精良、图文并茂的书，成为安缦伊卡馈赠给旅行者的礼物，该书通过讲述人类侵占野生动物栖息地所发生的人与动物之间的冲突，传递保护濒危物种、保护生态系统就是保护人类自己的执着理念。

野生动物保护区的清晨

邂逅塞班岛日落

落日熔金

俯瞰幽灵湖

塞班岛属于亚热带海洋性气候,一年只有两季,我们恰巧碰上了雨季。原以为阵雨的时间不会太长,岂料,连续两天少晴多雨,塞班岛上空厚厚的云层裹挟着大量水汽,淅淅沥沥下个没完没了,以致我们预约的自驾飞机的娱乐项目被迫取消。

"明天早上我让他们加一个班,保证你们每个人都能上飞机……"

地陪阿光比我们更着急,如果雨势再不减弱,阿光这次最大的一单提成就要泡汤了。因为，在塞班岛所有的旅游项目中，自驾飞机是价格最昂贵的，业务员的提成比例自然也会高一些。更何况我们一行有八个人预订了自驾飞机的项目，可以想象阿光对丰厚回报的预期。

不过，阿光是个很专业的地陪，从接机到最后行程结束把我们一行送到机场，一直守到最后一名游客顺利出关，他才急匆匆地去接另外一个刚下飞机不久的旅行团。

阿光叫许志光，40多岁，长得敦厚结实，说一口绍兴普通话，脸上总是笑呵呵的。领队、导游、外卖、打杂一肩挑，有时还要兼做司机……

塞班岛其实是个很小的地方，长21公里、宽4公里到8公里不等，面积185平方公里，如果租车自驾的话，兜一圈也花不了多长时间。塞班岛基本没有历史人文古迹，它的文脉是断层和残缺的。原因是1944年6月太平洋战争中，美军在短短几天内向塞班岛投下了50万枚炸弹，岛上的人类文明遗存几乎全部被毁。如今的和平纪念公园、万岁崖、日军最后司令部、军舰岛等景点，都与二战有关。说白了，逛这些景点，人少的时候还瘆得慌。

为了通过发展旅游业来改善塞班岛的经济，美国政府对许多国家推行免签政策。然而，塞班岛除了海水、沙滩、椰子树之外，基本没有其他可供旅游消费的资源。而且，岛上物产并不丰富，大量生活资料要依赖美国本土外运；因此，岛上消费较之东南亚其他岛屿而言，其性价比并不高。

其次，塞班岛四面临海，但经济型的渔业资源比较匮乏，要想吃到一顿鲜活的海鲜大餐也不是一件容易的事情。即便先天不足，但塞班岛上的娱乐项目开发却相当发达，拖拽伞、摩托艇、浮潜、海底漫步、海钓、潜水艇、山地探险等项目应有尽有，大概可以满足一般游客三至四天的行程安排。

……

次日，天气终于放晴，阿光早早地来到了酒店，催促我们赶快上车，说是要赶在其他团队尚未到达机场之前，让我们开第一班飞机。其实，所谓的自驾飞机，无非就是当飞机进入平流层后，飞行员让我们坐在副驾驶的位置上，在一定范围内操纵方向舵，使飞机作出水平移动，或者拐弯、拉升、俯冲之类的动作，操控幅度十分有限，游客聊以自慰。

但是，从飞机的驾驶舱俯瞰塞班岛，其视觉效果是完全不一样的。白云之下的塞班岛苍翠欲滴，除了靠近海边有几处密集的城市建筑群之外，整个塞班岛都被绿色植被所覆盖，这些植被都是战后依靠飞机播种的。再加之塞班岛四周都是彩色珊瑚礁构成的浅滩，海水在阳光的照耀下反射出乳白和蓝绿相间的色彩，与远处深蓝色的马里亚纳海沟形成明显的视觉冲撞……

由于连续两天时晴时雨，大家都以为此行可能难见天日。突然今天天空放晴，个个都喜出望外，于是便多了一份

摄人心魄的塞班岛日落

期许……我们住的房间刚好面朝大海,晚上六点光景,远处的海平面上,落日余晖就像熔化的金子一般从云层的缝隙中流淌出来,把蔚蓝的海平面晕染成一片金黄。平静的海面泛起细细的涟漪,星星点点的耀斑犹如五线谱上律动的音符。

塞班岛日落,俨然就是一场人类审美与瑰丽天象的邂逅。

军舰岛的前世今生

躺在珊瑚礁上的战舰

约莫二十几分钟的水路，我们就从塞班岛码头乘坐游艇来到了军舰岛，直行距离不过几海里。军舰岛是位于塞班岛西侧的一个小岛，周长不过1.5公里，比《荒岛余生》的拍摄地马鲁瑞奇岛还小。这里是太平洋战争的遗址，周围的珊瑚礁里埋葬了大量被击沉的日本军舰和美军的飞机。

据说，第二次世界大战期间，美军误以为该岛是一艘日本大型战列舰，于是出动B-29重型轰炸机对该岛进行轮番轰炸，但无论扔多少炸弹都炸不沉这艘诡异的军舰。于是，飞行员探出厚厚的云层细细一打量，才发现原来这是一座小岛。想拉高回撤已经来不及了，因为，岛上的日本防空火力网十分密集。从此，美国北部突击舰队再也没有收到来自该轰炸机的任何讯息。数十年之后，人们在军舰岛附近的海底发现了它的身影。

军舰岛又称情人岛，估计这是太平洋战争爆发之前的名称，不排除是旅游公司为了吸引眼球而故意起这么一个让人浮想联翩的名字。尽管小岛的名称可以诗情画意，但是，横亘在码头边的沉船和被炸得开膛破肚的防御工事，以及面朝大海、虎视眈眈的硕大炮口，依然让众多游客望而却步。

军舰岛如今被开发成旅游目的地，岛屿的四周被珊瑚礁和细白的沙滩所围绕，岛的中央是色彩浓郁而又稠密的热带植物。游客只要穿戴好浮潜设施，就可以透过清澈的海水看到色彩斑斓的海洋生物在你身边游来游去。

"没去过军舰岛，就等于没有真正到过塞班岛。"这话只

太平洋战争遗留的日军火炮构件

还原了一部分事实。由于塞班岛地处马里亚纳海沟的边缘，地理位置得天独厚，如今又在全球经济一体化的影响下，美国为了自身发展的需要，对很多国家去塞班岛旅游实行免签，于是，来自世界各地的游客蜂拥而至，尤以日本、韩国和中国大陆的游客居多，这一举措极大地拉动了塞班岛的经济建设。但是，对于人口不足6万的塞班岛居民而言，习惯了靠岛吃岛、打鱼为生的闲散生活，一夜之间要过渡到现代服务业，总显得有些无所适从和力不从心，其旅游配套和服务技能的捉襟见肘也就在所难免了。

由于碰到中国人的国庆长假和韩国人的中秋长假，两股人流汇聚在一起，使得军舰岛人满为患，原本不算小的浮潜区域，远远望去却成了一锅乱炖的饺子；海滩上到处都是横七竖八、屁股朝天的人群，跟我国热门景点人挤人的场景异

塞班岛的右前方就是军舰岛

曲同工。

下午，我们乘坐潜水艇潜入军舰岛周围海域，一睹太平洋战争那惨绝人寰的场景，犹如无声电影的回放，又似《血战钢锯岭》《风语者》《中途岛之战》等电影桥段的闪回，一幕一幕清晰地呈现在眼前——

1944年，美军从6月11日起实施空中和海上的军事打击，摧毁了塞班岛上日军大部分地面工事，其中包括军舰岛的防御设施。也就是如今呈现在游客面前锈迹斑斑、身首分离的重炮构件，以及被炸得钢筋裸露、弹痕累累的混凝土炮台。

7月9日，塞班岛之战经过二十多天的拉锯，日军伤亡惨重，4万多守军战剩1000余人；美军以伤亡1.6万余人的代价最终夺取塞班岛，为攻占马里亚纳群岛的其他岛屿创造了条件。

潜水艇在海底缓缓向前推进，映入眼帘的是沉默地躺在海底的日本零式舰载战斗机、美国B-29远程重型轰炸机和日本综合补给舰，以及大量的机载武器、鱼雷和弹药……

即便这些"人工岛礁"如今已经长满了五彩缤纷且品类繁多的珊瑚虫，成为众多海洋生物的家园，珍贵的蝴蝶鱼、粗皮鲷、雀鲷科鱼类穿梭其间，但是，身临其境依然难掩内心的震颤。眼前被肢解后依然高高昂起的船首，正在向后人展示它曾经的神武和凶悍；似乎这场让无数生灵涂炭的塞班岛战役从未离去。

今天，我们看到的沉入海底的战争遗骸只是冰山一角，据史料记载，美军登陆部队为塞班岛之战出动了67000余人、470艘舰艇和近2000架飞机。守岛日军也有4万余人，拥有舰艇55艘和飞机630架。而大量的飞机和舰艇在这次塞班岛战役中沉入了号称万丈深渊的马里亚纳海沟。

看着军舰岛上空飘忽的彩色拉拽伞和沙滩上百无禁忌、享受阳光的游客，有多少人知道，这个小岛曾经是人间炼狱。即便汹涌的波涛可以把战争的痕迹从每一寸沙滩上抹去，但是，留在海底的战争遗骸却无时无刻地在警示人们：珍爱和平，远离战争。

阴魂不散的『万岁崖』

万岁崖

由梅尔·吉布森执导的《血战钢锯岭》是一部反映太平洋战争的历史片，影片改编自上等兵军医戴斯蒙德·道斯的真实经历，讲述他拒绝携带武器上战场，并在冲绳战役中救下75名伤员的传奇故事。影片中有这么一个桥段，日本军官剖腹自尽，残留的日军士兵和伤员向美军阵地做最后的自杀式冲锋。其实，这一真实场景更像是发生在美军攻打塞班岛的战役中——

1944年6月，美国以近7万人的兵力包围了日本海军司令部所在地塞班岛，并在三周内投下50万枚炸弹，使塞班岛成为一片火海。战斗持续了20多天，眼看岛上弹尽粮绝，增援的武器弹药和数百名士兵连同大型补给舰一起被美军击沉在塞班岛附近的海域。以日军太平洋中部舰队司令南云中一大将为首的3名日军高级将官在岛上司令部的山洞里相继自杀。

7月7日，日军残部和伤员数千人于下午3时，在挥舞着军刀的指挥官们的带领下，全然不顾机枪的扫射，向美军第27步兵师发起冲锋。这就是"切腹谷"大血战；就连日本伤兵也拄着拐棍一瘸一拐地狂叫着向美军阵地扑来，这是日本陆军有史以来规模最大、最凶猛的一次自杀式冲锋。

7月9日，日军残余及其家属高呼着"天皇万岁"，在塞班岛北端马皮角的悬崖边跳海自尽。即便美军一再通过翻译和日军俘虏向平民表示：等待他们的不会是屠杀，只有食物和安全，但自杀依然没有停止，共计有8000多人跳下悬崖。战后，这里被当地人称之为"万岁崖"。

锈迹斑斑的火炮

南云中一在自杀前命令所有军人都必须为天皇尽忠。其后，残余的1000多名退守北隅高地的日军官兵眼看反扑无望，在山上集体轮奸了塞班岛女子中学的100多名女学生后纷纷跳崖自杀。7月10日，美军在打扫战场时，发现山崖下躺着1053具日军尸体和107条一丝不挂的少女身躯。之后，这座陡峭的山崖被美军称之为自杀崖。

以上史实与《血战钢锯岭》的桥段十分吻合，只是删除了少女们被轮奸的情节，估计是导演梅尔·吉布森怕惹怒日本观众而故意为之。据史料记载，塞班岛战役先后有2万多名平民自杀，4万余名守岛日军最后仅剩1000余人。

更加残暴的是战斗打到最后阶段，日本人为了不给美国人留下任何东西，他们不但逼迫岛内所有居民自杀殉葬，还向岛内唯一的淡水湖投下了化学毒剂，同时扔下500多具尸

远处是马里亚纳海沟

体。时至今日，这个被称作"幽灵湖"的淡水湖依然不能饮用。

那天，我们有一段自驾小型飞机从"幽灵湖"上空飞过的体验，但见菱形的"幽灵湖"镶嵌在郁郁苍苍的植被之中，就像行将合上的幽怨的眼睛，泛着灰白色的死光。"幽灵湖"的周围至今鲜有建筑，据说，这里经常发生诡异的事情，当地人避之唯恐不及。

……

再看看近年来日本右翼势力在战后一直处于此起彼伏的状态，从二十世纪九十年代开始明目张胆地否定侵略历史，把日本发动太平洋战争说成是"为了解放白人殖民地"；从在钓鱼岛上竖灯塔、设神社，到否认南京大屠杀和二战期间强征慰安妇；从日本首相小泉和安倍参拜靖国神社，到坚持"皇国史观"和鼓吹"民族主义"……这一切都告诉我们，大和民族是一个十分可怕的民族，在他们的潜意识里，二战只是日美之间的"相扑"，如果不是对方"犯规"投掷原子弹，也许日本根本就不会输掉这场"竞技"。

……

说塞班岛的万岁崖是个旅游景点，未免有些牵强附会，其实它就是一片墓地。每年有100万日本人来这里祭奠亡灵。而更多的游客是到这里来看海的，即便这里的海景与冲绳万座毛的海景十分相似，但是心理感受是完全不一样的。

万座毛的海景是在一望无际的深蓝色的海平面上，看惊涛拍岸后四处飞溅的细细碎碎的水花，和由那些水花形成的雾气在阳光的作用下所折射出来的彩虹。而且，万座毛的海岸周围绿树成荫、花开芬芳，置身其中犹如投入大自然的怀抱。

  而站在万岁崖的平台上，背后是白色的墓碑，脚下就是曾经发生过成群结队的鲨鱼吞噬死人的地方。即便这一场景已经过去了七十多年，但是，现在当你走在万岁崖的草坪上，依然会感觉到空气中弥漫着莫可名状的异样气息、让人脊背生凉、不寒而栗。在这里，日本军国主义的阴魂从未散去。

亚穆纳河的黄昏

倾巢而出的渡鸦

阿格拉泰姬陵是世界遗产中的经典之作，浓缩了一个文明古国数千年的灿烂文化，也是到访的各国政要和知名人士的首选打卡地。1992年英国王妃戴安娜曾在这座乳白色的大理石陵墓前留下过孤独的身影，2016年威廉王子和妻子凯特追随母亲的身影，也在泰姬陵门前的这条长凳上小坐。

那天黄昏，我们去月光花园看落日余晖下的泰姬陵。泰姬陵是莫卧儿王朝皇帝沙贾汗为爱妃泰姬·玛哈尔所建的陵墓。沙贾汗本想在河对岸的月光花园为自己也造一座与泰姬陵一模一样的黑色陵墓，并在两者之间的亚穆纳河上架起一座黑白相间的桥，以便往生可以继续与爱妃在一起。但沙贾汗的儿子发动政变夺取了王位，并把他囚禁在阿格拉城堡。沙贾汗的余生就在阿格拉城堡中度过，他只能透过一扇小窗遥望泰姬·玛哈尔长眠的地方。

登上亚穆纳河一米多高的河堤，对岸的泰姬陵硕大的乳白色建筑群稳稳地端坐在暗红色的基础上，在落日余晖的映衬下，整座建筑群犹如围上了一层薄雾般的粉色纱丽，温暖和煦、端庄典雅。

也许那天我们身处上风头，又与污染源隔着一段距离，因此对亚穆纳河弥漫的腥臭味不是很敏感。但是，除了被围栏围起来的暗红色的陵墓基础的地方相对干净外，整条亚穆纳河的河面上触目都是漂浮物，犹如一个衣衫褴褛无家可归的迟暮老人，跟跟跄跄地移动着无力的双腿；尤其是亚穆纳河两岸的亲水边缘的台地，到处都是被上游河水冲刷下来又

晨曦中的泰姬陵

搁浅在此的生活垃圾，环境糟糕的状况不忍直视。

忽然明白印度为啥不欢迎外国记者和作家前往，只要你申报材料中的职业与新闻传播有关，即便是旅游签证也很难获得通过。多年来印度除了文化遗存和历史人文被全世界媒体正面书写外，其社会贫穷落后和环境脏乱差的状况广受诟病。

现实就像一面镜子。在德里、阿格拉抑或斋普尔的街头巷尾，随处可见汽车、马车、骆驼车、摩托车都在一条道上挤来挤去；沿街狭窄的人行道上野猪、猕猴、流浪狗在垃圾堆里搜寻着一切可以用来填饱肚子的东西。被视为神兽又不守规矩的牛，旁若无人地横卧在马路中央呼呼大睡；无论你走到哪里，周围总尾随着一批伸手向你要钱的乞丐。

这与我在尼泊尔看到的情形十分相似：人畜席地而卧，污水遍地流淌，卫生状况触目惊心。但是，站在他们的维度来思考问题：尼泊尔和印度都是发展中国家，人口数量骤增、经济发展滞后、社会治理水平不高。换句话说，在百姓吃饱穿暖的基本需求都没有得到保障的前提下，谈如何改善城市基础设施建设和提高公共卫生服务水平，未免有些不切实际。

泰姬陵远眺

　　太阳从泰姬陵西面缓缓落下,站在高高的河堤上俯瞰亚穆纳河裸露的浅滩,成群结队的鹈鹕和涉禽趁着黑暗来临之前,尽可能多地在漂浮的垃圾堆里寻找食物。原本殷红的云层渐变成暗灰的颜色,大风刮过,塑料垃圾袋就像气球一样迎风飞舞,引起归巢的渡鸦"呱呱呱"地仓皇出逃。此刻的亚穆纳河伴随着缓缓褪去纱丽的泰姬陵,在已然降临的漫漫长夜中沉沉睡去。

大和民族的物哀文化

京都鸭川边上的樱花

樱花七日

　　樱花是日本的国花，每年三月初从九州开始盛开，途经关西、关东，最终一路开到北海道，历时3个月。樱花有着"花开壮烈，死在最美"的不俗性格，因而深受日本民众的喜爱。每年3月15日至4月15日是日本法定的樱花节，亦称"樱花祭"。

　　樱花是日本特殊的文化符号与精神象征，透过漫天飞舞的樱花雨，可以看到大和民族的美学境界和精神世界。日本人在享受樱花盛开时的喜悦的同时，又在文学和影视作品中渲染樱花的凋零之殇，这与日本人性格中的"物哀"情结是息息相关的。

天桥立景观

"物哀"一词是日本江户时代的国学大家本居宣长提出的文学概念,这个概念简单地说就是"真情流露"。日本人以樱花为物哀的载体,生命须臾,岁月无常,比起盛开的樱花,那一片片凋零的樱花花瓣更能触及内心的哀伤。换句话说,樱花除了盛开时的瞬间绚烂之外,还带有凋零时浓浓的悲情色彩。

樱花还有"死亡之花"的称谓,其一,樱花的花期较短,花开花残仅七天时间;其二,大和民族受佛教影响很深,对生死不二有着透彻领悟,对死亡甚至抱有礼赞的态

富士山远眺

赏樱是日本特殊的文化符号

度。在日本文化里,与死亡联系最为广泛的就是樱花。每年春天上野的赏樱是日本最重要的"年中行事"。日本女诗人茨木则子在她的诗《人生能观几回樱》的结尾处写道:

当我信步走在
落英缤纷的花树下时,
顷刻,
我有如名僧顿悟:
唯有死才是常态,
生只是美观的海市蜃楼。

日本导演深作欣二的电影《火宅之人》,讲述了作家桂一雄在得了脑炎失去行动和语言能力之后的婚外情的故事。

影片中有这么一个桥段：一雄的朋友目睹院子里漫天飞舞的樱花花瓣，便感慨"这景象真让人伤感得想自杀……"

在日本的文学和电影作品中，樱花飘零是最多见的隐喻手法，它表达的是美丽与宿命、死亡与超越的语境。然而，即便情节忧伤惆怅，却依然令读者和观众百看不厌。可以说樱花在日本文化里是一个相当矛盾的载体，既表达幸福与爱情，又代表残酷与死亡。

北野武的《玩偶》里，满目樱花美到窒息。影片中佐和子因男友松元背叛而自杀未遂变成智障，松元在婚礼当天得知佐和子为情所伤后执意逃婚，并用一根红绳，分别系在两人腰间，一起浪迹天涯。镜头从秋天的红叶掠过白雪皑皑的冬天，再切换到春天的落樱，这漫天飞舞的樱花便是这凄美故事里的一抹温情。

岩井俊二的电影《四月物语》，用散文诗般的语调讲述了17岁的榆野卯月为了自己暗恋的男孩，只身从北海道来到东京读书。四月的东京街头，樱花飘落如同粉色的雪花，汽车驶过，卷起地上厚厚一层花瓣，象征电影里羞涩的青春与朦胧的爱情。终于有一天，她在书店里与他不期而遇，并有了彼此的交流，电影就此戛然而止，留给观众无尽的想象：榆野卯月是收获了樱花盛开时的浪漫，还是如同雪花般飘零时的感伤呢？

大和民族的物哀文化，简直就是谜一样的存在。

告别新华路

新华路沿街的老洋房

对我而言，搬离新华路是一场艰难的抉择，即便去意已决，但心里依然会涌起莫名的惆怅；仿佛一对神仙眷侣长相厮守之后的分离，缠绵悱恻、无可奈何。原因是我在这里已经生活了整整20年，对新华路独特的文化氛围和中西融合的生活方式，以及熟悉的街坊邻里、极其便利的社区配套产生了依赖。

新华路是上海市政府规划的历史风貌区，很多建筑都受到保护。这里旧称安和寺路和法华路，修筑于1925年，属于公共租界越界筑路；此后发展为安静的高级住宅区，很多外国侨民居住于此，俗称外国弄堂，后来改名为新华路。

新华路东起淮海西路，西至中山西路；两旁风格迥异的花园别墅鳞次栉比，高大的梧桐树的树冠在道路中央合拢，阳光透过枝叶稀疏的缝隙，洋洋洒洒地投射在路面上形成斑驳的光影。尤其是夏日的午后，蝉鸣声声，微风徐徐。新华路的文化氛围和生活气息就是在这静谧、优雅、有序和良善中涓涓细流、润物无声。

新华路还享有"国宾道"之美誉。新中国成立之前，上海市区的面积相当有限，今天的徐家汇和虹桥地区以前都是河道和农田，新华路、法华镇路一带也不例外。尤其是新华路西段的凯旋路还是繁忙的铁路道口，每每遇到火车经过，行人和交通工具都必须在道口等候。1971年基辛格秘密访问中国，为美国总统访华作出安排。于是，政府拨款1000万元兴建全长325米的新华路地道。1972年2月，尼克松总统车队就是从虹桥机场鱼贯新华路地道进入上海市区的。如今的新华路地道既是一道景观，也是东西走向的交通要道。

……

1998年，我从虹桥路乐山新村迁入法华镇路的海富公寓；2005年又从海富公寓迁入新华路上一高档小区，整整20年生活起居没有离开过新华路。因此，对新华路的一草一木都产生了特殊的亲近感。

海富公寓的房子面积不大，90平方米的两室一厅，结果被我改造成一室两厅，小而精当、充盈着满满暖意。尤其是推开窗户，眼下就是一大片"盆地"，绿树掩映中的新华路"外国弄堂"尽收眼底；如果能见度高的话，还可以从一点钟方向遥望松江佘山突兀的小山丘。

新小区建于2003年，2005年交房入住。说它是高档楼盘，原因有三：其一，它由两栋高楼组成，共148户人家，属于比较简单易管的迷你型小区。其二，当时它是新华路沿线唯一在售的全装修楼盘，采用中央空调、柚木地板、进口厨具和卫具，并设计为一梯两户的楼层结构。小区配备了一支年轻专业的物业管理团队，保安人员清一色着装，显得神采奕奕，平添了一份安全感，尤其值得称道的是保洁人员总能把楼道打扫得干干净净，不留死角，这是其三。

然而，这一状态仅仅维持了短短几年就悄悄地发生了变化。先从物业经理辞职开始，慢慢地，第一批保安、保洁、工程维修等人员也走得差不多了。当你蓦然回首，眼前晃悠的大多是白发苍苍的退休老人，就像若干年前的国企门房间，不是行将退休的，就是身子骨比较弱的。让这样的人来把门，你还能否安心？

更不可思议的是，随着第一批居民的渐渐搬离，新迁入的有些居民在居住理念和行为方式上都发生了变化。我们经常可以看到20多层楼高的窗外花花绿绿的"万国旗"迎风招展，以致经常有衣服连着衣架坠落在数十米之下的树梢上；有的居民竟将吃剩的腐乳连同玻璃瓶一同往下扔！要是砸在谁的脑袋上，后果就不堪设想了。除此之外，个别居民为了一己私利，不惜改变物业原来的建筑结构、占用公共通道……

我忽然想起纽约曼哈顿的布鲁克林区。原本这是一个高档的街区，后来随着外来居民的大量迁入，这条街从此与高档、品位、宁静、舒适作了了断。那年，我开车经过布鲁克林区，所到之处满目疮痍、遍地垃圾，成片的高层建筑看不到一片完整的玻璃；路旁横七竖八躺着无家可归者，见我在十字路口遇红灯停车，便一骨碌从地上爬起，朝着我车子的方向蜂拥而来，吓得我一轰油门绝尘而去。

虽然说，今天的新华路与当年的纽约布鲁克林区不能相提并论，但是，居住环境不再舒适、邻里相处不再纯粹，尤其在小区的微信群里，经常可以看到出言不逊、相互掐架的帖子，青烟升腾，火星四溅。于是，物业主管和居委干部成了"消防员"……

新华路上的"外国弄堂"

徜徉在新华路大大小小的"外国弄堂",曾经是一种令人精神愉悦和视觉享受的体验,如果说车来人往让人稍觉嘈杂的话,那么,当你拐进附近的弄堂,满目苍翠的植物便成了天然的屏障。地理上的闹中取静、曲径通幽和文化上的兼容并蓄、生活上的市井万象才是新华路历经近百年而不衰的精神之所在。

住在新华路沿线的居民也别有情趣,门前或者花园里搭一个棚架,任由紫藤、凌霄、丝瓜、葫芦等藤蔓植物野蛮生长,棚架下则是另外一幅景象:"一张竹榻一壶茶,一个老头在哼唱;身旁坐着老婆娘,地上趴个小儿郎。"市井里悠闲、和谐的生活趣味一览无余。

然而,时过境迁,近年来,新华路的生活情趣少了,商业气息浓了。有些弄堂破墙开店相当严重,破坏了原来幽静宜居的生活环境。前些日子,当地政府经过综合整治,把新华路沿街破墙开店的门全部封了起来。结果,上有政策下

新华路的标志性雕塑

有对策;于是,在窗台下放一只凳子;想吃饭、想洗脚抑或想按摩,一律从窗口爬进去。做人做得偷偷摸摸、鸡鸣狗盗似的,这哪跟哪呀?

尤其是随着附近居民生活条件的不断提升,饲养宠物的家庭越来越多,这也未可厚非。但是,你在爱心爆棚的时候,不能以损害公共利益为代价。结果,小区的地下车库成了野猫的欢乐家园,尿骚弥漫、跳蚤肆虐。原本在新华路上行走,俨然一副怡然自得闲庭信步的模样;如今却是深一脚浅一脚,一不留神就踩在狗屎上。从此,曾经闹中取静、曲径通幽、文化厚重、居住友好的新华路离我们渐行渐远。

其实我们要的不多,只要简单、温暖、宜居和有趣的生活方式。

图书在版编目（CIP）数据

十万九千里：旅人漫记 / 司徒志勋著. -- 上海：文汇出版社，2022.1

ISBN 978-7-5496-3651-8

Ⅰ．①十… Ⅱ．①司… Ⅲ．①散文集－中国－当代 Ⅳ．①I267

中国版本图书馆 CIP 数据核字 (2021) 第 201668 号

十万九千里：旅人漫记

著　　者 ／ 司徒志勋
摄　　影 ／ 司徒志勋
责任编辑 ／ 徐曙蕾
勒口素描 ／ 万福堂
装帧设计 ／ 高静芳

出版发行 ／ 文匯出版社
　　　　　　上海市威海路 755 号
　　　　　　（邮政编码 200041）
经　　销 ／ 全国新华书店
印刷装订 ／ 上海锦佳印刷有限公司
版　　次 ／ 2022 年 1 月第 1 版
印　　次 ／ 2022 年 1 月第 1 次印刷
开　　本 ／ 890×1240　1/32
字　　数 ／ 200 千
印　　张 ／ 10

ISBN 978-7-5496-3651-8
定　　价 ／ 98.00 元